Claus Tully/Wolfgang Krug

Konsum im Jugendalter

Claus Tully, Wolfgang Krug

Konsum im Jugendalter

Umweltfaktoren, Nachhaltigkeit, Kommerzialisierung

WOCHEN
SCHAU
VERLAG

Bibliografische Information der Deutschen Nationalbibliothek

Die Deutsche Nationalbibliothek verzeichnet diese Publikation in der Deutschen Nationalbibliografie; detaillierte bibliografische Daten sind im Internet über http://dnb.d-nb.de abrufbar.

Das vorliegende Buch ist im Teilprojekt „Jungend und Konsum" des Projekts BINK (Bildungsinstitutionen und nachhaltiger Konsum) unter der Leitung von Prof. Dr. Gerd Michelsen (Leuphana Universität Lüneburg, Institut für Umweltkommunikation) entstanden. Das Projekt wurde gefördert vom Bundesministerium für Bildung und Forschung im Förderschwerpunkt Sozial-ökologische Forschung.

www.wochenschau-verlag.de

Titelgestaltung: Ohl Design
Titelbild: © Grischa Georgiew – Fotolia.com
Gesamtherstellung: Wochenschau Verlag
Gedruckt auf chlorfreiem Papier
ISBN 978-3-89974678-5

Inhalt

Vorwort

Der Sommer des Jahres 2010 stand unter dem Eindruck der Ölkatastrophe, die im Golf von Mexiko von einem britischen Ölkonzern zu verantworten ist. Für den Konsum von Mobilität und Energie muss mit Umweltfolgen gerechnet werden. Wenn solche Umweltfolgen unübersehbar sind und sich zeitlich und lokal unabhängig vom eigentlichen Zweck des Konsums, hier der Energieverwendung, einstellen, dann spricht die Öffentlichkeit von einer Katastrophe. Die Katastrophe zeigt an: Konsum ist zwingend mit Abfall verbunden, also mit Folgen der Nutzung von Gütern, die zwar nicht beabsichtigt, aber unabweisbar sind. Auch wenn Abfall vermehrt wiederverwendet wird, so steht er doch für Nebenfolgen der Produktion von Gütern und deren Konsum. Allein in der von Satelliten genutzten Erdumlaufbahn werden 600 000 Teile, die als Abfall gelten, gezählt. Die erste Arbeitsthese unseres Buches besagt: Jede Form des Konsums geht mit der Produktion von Abfall einher. Die zweite These lautet: Konsum erscheint selbstverständlich. Später wird im Buch von einer „nichtnatürlichen" Selbstverständlichkeit des Konsums die Rede sein.

Das Buch ist kein Forschungsbericht. Es ist eine problembezogene Aufarbeitung von Konsum im Jugendalltag, der im Spannungsverhältnis von Kommerzialisierung und Nachhaltigkeit angesiedelt ist. Dazu gehen neben eigenen Untersuchungen auch Befunde anderer Studien ein. Ziel ist es, Konsum in seiner sozialen und ökonomischen Bedingtheit zu verstehen und Ansatzpunkte für nachhaltigen Konsum aufzuzeigen. Dabei geht es hier aber nicht um eine moralische Wertung von Konsum.

Deutlich werden soll: Konsum ist Sache handelnder Menschen und die Produktion von ökologischen Risiken ist Bestandteil dieser Handlungen. Um dies besser verstehen zu können, haben wir dieses Buch geschrieben.

Die Untersuchung des Konsums im Jugendalter geht auf das Verbundprojekt „Bildungsinstitutionen und nachhaltiger Konsum" (www.konsumkultur.de) zurück. Es wurde im Rahmen des SÖF (Sozialökologische Forschung, einem Förderschwerpunkt des BMBF) realisiert. Das am Deutschen Jugendinstitut (DJI, München) angesiedelte Teilprojekt „Jugend, Konsum und Nachhaltigkeit" bearbeitet die jugendsoziologischen Kernfragen dazu.

Dieses Buch ist – wie Bücher immer – Ergebnis von kooperativen Prozessen. Ein Strang der Kooperation besteht im Projektzusammenhang. Denn an dem Vorhaben sind neben dem Deutschen Jugendinstitut das Institut für Umweltkommunikation der Leuphana Universität, die Hans-Sauer-Professur für Metropolen- und Innovationsforschung an der Humboldt-Universität zu Berlin und die Hochschule Fresenius in Idstein beteiligt.

Im DJI waren in unterschiedlichen Arbeitsphasen an den Projektarbeiten (in alphabetischer Reihung) Robert Bühler, Andrea Frank, Anita Tobisch und Verena Wienefoet beteiligt. Die Autoren des Buches bedanken sich an dieser Stelle für die Unterstützung.

Claus Tully, Eldorado (Misiones; Argentinien)

1. Einleitung

In diesem Buch geht es um Konsum im Jugendalter. Ziel der Ausführungen ist es, den Aspekt der Nachhaltigkeit hier mitzudenken und nach Anschlussmöglichkeiten für nachhaltigen Konsum bei Jugendlichen Ausschau zu halten. Zudem ist unsere heutige Gesellschaft in zunehmendem Maße kommerzialisiert, d.h., ein Großteil unseres Alltags ist geldpflichtig geworden. Die Schwierigkeit liegt hierbei im Akt des Konsumierens selbst, der (wortwörtlich) eine bestechende Einfachheit besitzt. Konsum kann als „nichtnatürliche Selbstverständlichkeit" definiert werden, d.h., er geschieht beiläufig und ohne dass der Vorgang besondere Beachtung erhält. Es kann von daher auch nicht davon ausgegangen werden, dass sich über die Vermittlung von Nachhaltigkeitswissen unmittelbar nachhaltiges Konsumieren einstellt. Vielmehr ist mit Inkonsistenzen und Brüchen zwischen Wissen und eigenem Konsum zu rechnen. Denn Alltagshandeln besteht prinzipiell aus vielen kaum reflektierten Routineabläufen und ist von daher zumeist nicht theoriegeleitet. Dementsprechend geht es uns im vorliegenden Band auch nicht darum, eine Theorie des nachhaltigen Konsums zu präsentieren. Stattdessen sollen Einflussgrößen auf den Konsum der Jugendlichen und jungen Erwachsenen sichtbar gemacht werden, um damit Ansatzpunkte auszumachen, welche die Wahrnehmung für nachhaltigkeitsbezogenen Handlungsbedarf bei den Heranwachsenden befördern und so zu einer Sensibilisierung zugunsten nachhaltigen Konsums beitragen könnten.

1.1 Jugend, Gesellschaft, nachhaltiger Konsum

Wenn es um Nachhaltigkeit geht, drängt sich eine gesonderte
Betrachtung der Jugend geradezu auf. Das Konzept der Nachhaltigkeit stellt die Frage nach der Zukunft, in der wir leben wollen.
Und die Orientierung an der Zukunft sowie der Wunsch, diese selbst
zu gestalten, ist ein wesentliches Merkmal der Jugend. Zugleich
wird Jugend mit dem Anspruch der Erwachsenen konfrontiert,
die gesellschaftliche Ordnung zu bewahren und weiterzutragen.
Unter diesem doppelten Bezug lässt sich das Thema Nachhaltigkeit auch als eine Frage nach der Generationengerechtigkeit
betrachten (Abb. 1).

Erwachsene wie auch Jugendliche sind für den Ressourcenverbrauch verantwortlich. So sehen es die Jugendlichen, die wir
in unserer früheren DJI-Studie „Das Umweltbewusstsein von

Abb. 1: Nachhaltigkeit und Generationengerechtigkeit

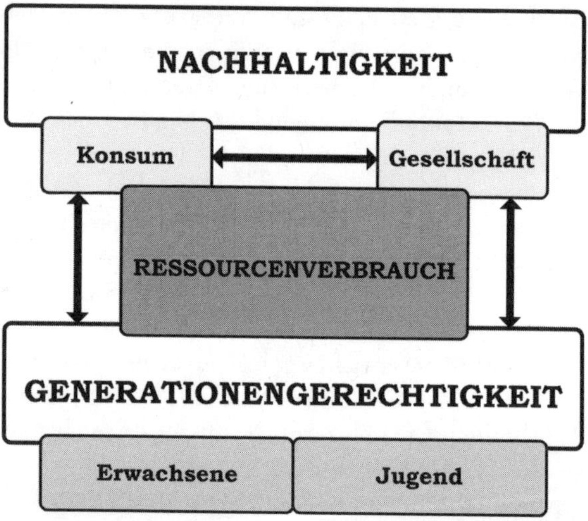

Quelle: Tully 2009.

Jugendlichen" (vgl. Lappe u.a. 2000) befragt haben. Die in den Interviews gegebene Auskunft war relativ klar: Es wäre die ältere Generation, die die Umweltschädigung zu verantworten habe. Zugleich wurde deutlich gemacht, dass auch die nachwachsende Generation im Interesse ihrer eigenen Zukunft und im Interesse ihrer künftigen Existenz in der Gesellschaft alles tun müsse, um eine lebenswerte Umwelt sicherzustellen.

Die Leitidee der Beförderung einer nachhaltigen Gesellschaft kann aber auch deshalb bei der nachwachsenden Generation ansetzen, da diese weniger festgelegt ist. Jugendliche wollen sich ihre Gesellschaft erst bauen, worin eine große Chance für Veränderungen und Neuansätze liegt. Routinisierte Handlungsmuster werden erst noch ausgebildet, bzw. ist die Bereitschaft, vorhandene Routineabläufe durch etwas Neues zu ersetzen, noch groß. Dies wusste auch Auguste Comte (1798-1857), einer der Gründer der Soziologie, der den Übergang zu einer von ihm entworfenen rationellen Gesellschaft wollte. Um dieses Modell vorzustellen, dachte er sich eine Gesellschaft aus, deren Mitglieder nur ca. 30 Jahre alt würden, so ließe sich durch einen schnellen Wandel die von ihm anvisierte Gesellschaft in einem überschaubaren Zeitraum erreichen.

1.2 Aufbau des Buches

Die nachstehenden Ausführungen beginnen mit einer Darstellung der allgemeinen Merkmale der Jugend und der Datenbasis, auf die sich der vorliegende Band stützt (Kapitel 2). Im folgenden Kapitel werden mit Zukunftsbezügen und Wertorientierungen Einflussfaktoren auf den Lebensalltag der Jugend beleuchtet: Im Hinblick auf nachhaltige Entwicklung ist es notwendig, übergeordnete gesellschaftliche Zusammenhänge, die dem Konsum vorausgehen, in die Betrachtung einzubeziehen. Erst dadurch lässt sich verstehen, unter welchen Bedingungen Konsum und Nachhaltigkeit in den Jugendalltag eingehen. In Kapitel 4 wird auf strukturelle Bedingungen der konsumgesellschaft eingegangen und berichtet, welche Rolle der Konsum im Jugendalltag spielt. Dabei wird auf die Handlungsbereiche „Mobilität" und „Ernährung" gesondert eingegangen, da diese beiden Konsumfelder gemeinsam etwa 40 % des Energiebedarfs bzw. ca. 30 % des Materialverbrauchs des Gesamtkonsums ausmachen (Spangenberg/Lorek 2003, 24). Konsum in diesem Bereich ist also in besonderem Maße auf Angebote nachhaltigen Konsums angewiesen (vgl. Fischer 2008, 11 ff.).

Abschließend gehen wir auf Forschungsergebnisse zum Umweltbewusstsein von Jugendlichen ein und berichten hier auch aus unseren eigenen Untersuchungen (Kapitel 5). Hierauf aufbauend formulieren wir in Form einer zielgruppenspezifischen Aufbereitung Empfehlungen für eine Sensibilisierung Jugendlicher für ein nachhaltiges Konsumverhalten.

2. Jugend und Jugendforschung

Die nachstehende Darstellung der Befunde geschieht unter einem übergeordneten Rahmen, der die Jugendphase als Periode des Übergangs zum Erwachsensein thematisiert. Dabei ist neben der künftigen Lebensform als Erwachsener der momentane Lebensalltag formgebend. Jugend bedeutet Ablösung von den Eltern, bedeutet ,jetzt' zu leben und zugleich Perspektiven für eine künftige Existenz zu entwickeln.

Jugendlichen geht es einerseits um die je aktuelle Einbettung, die per Freizeit, Hobby, Fun, Peerorientierung, Schule usw. erfolgt. Andererseits wird die eigene zukünftige Existenz in der Welt der Erwachsenen erprobt und vorbereitet: Partnerschaft, Qualifikation, Beschäftigung, Beruf, Familiengründung usw. Die Trennung dieser beiden Bezugssysteme ist in der Abbildung 2 (siehe S. 16) entsprechend herausgestellt.

Diese beiden Bezugspunkte – Gegenwart und Zukunft – treten bei einer Beschreibung von Jugend immer wieder auf und werden in den folgenden Kapiteln noch weiter thematisiert.

2.1 Jugend: ihre sozialwissenschaftliche Beschreibung

Wodurch unterscheiden sich Jugendliche von den restlichen Mitgliedern der Gesellschaft? Was ist das ihnen Eigene, Typische? Um „Jugend" als zu beschreibende Größe greifbarer zu machen, stellen wir einige Merkmale vor, mit deren Hilfe sich Jugendliche charakterisieren lassen. Hier zeigen sich die Zukunfts- und Gegenwartsbezüge der Heranwachsenden.

*Abb. 2:   Jugend als Phase der Ablösung und des Lebens
          ,jetzt' und in der Zukunft*

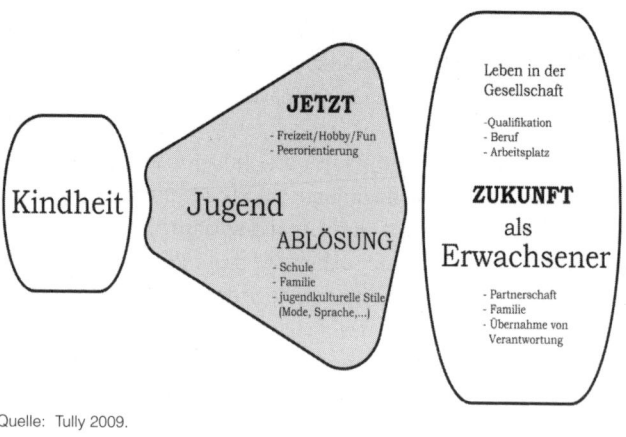

Quelle: Tully 2009.

Jugendliche lassen sich nicht nur über das Alter definieren, sie praktizieren eigene Lebensstile, die sich in Einstellungen und Verhaltensweisen von anderen Generationen unterscheiden. Ihr Lebensunterhalt ist in der Regel alimentiert, weil sie sich zum Großteil noch in Bildungsinstitutionen aufhalten. Die Lebensphase Jugend endet, wenn eine eigene, dauerhafte Lebensgmeinschaft etabliert wird und eigenverantwortliche Teilhabe am Gesellschaftssystem möglich ist. Die Jugendsoziologie verwendet zur Charakterisierung dieser Altersgruppe im Wesentlichen sieben Dimensionen.

Es sind diese: die (1) Altersgruppierung, der (2) Generationenunterschied, die (3) Ablösung von der Familie und das Eingehen neuer Beziehungen z.B. mit Altersgleichen (Peers), (4) die Gruppe der Gleichaltrigen, (5) die Berechtigungen, die mit bestimmten Altersstufen verbunden sind, (6) die Einbindung in Bildungs- und Qualifizierungsprozesse sowie der damit verbundene Übergang ins Arbeitsleben und schließlich (7) die körperliche Entwicklung.

- *Altersgruppen:* In erster Linie lassen sich Jugendliche natürlich durch ihr Alter kennzeichnen. Das Sozialgesetzbuch (Kinder- und Jugendhilfegesetz) von 1990 setzt stufenweise die Grenzen wie folgt fest: Als Kinder gelten Personen bis 14 Jahre, als Jugendliche solche zwischen 14 und 18 Jahren und als volljährige Jugendliche Personen zwischen 18 und 27 Jahren. Die gesetzliche Festlegung bestimmt damit auch über den Zeitpunkt der juristischen und politischen Mündigkeit, d.h. über den Zeitpunkt der Erlangung z.B. von Strafmündigkeit, den der Tauglichkeit, ein Fahrzeug zu führen, oder von Mitentscheidungsfähigkeit (z.B. bei Wahlen). An diesen starren Regelungen entzündet sich mittlerweile Kritik, die sich u.a. auch aus Ergebnissen der empirischen Forschung speist. Fragt man bspw. junge Menschen zwischen 27 und 29 Jahren, so rechnen sich noch 13 % durchgängig zu den Jugendlichen und ca. 20 % fühlen sich je nach Situation als Jugendliche oder Erwachsene (vgl. Sardei-Biermann 2006, 113). Das Jugendalter dehnt sich somit einerseits über das Alter von 27 Jahren hin ins Erwachsenenalter aus, andererseits dringen die Anforderungen an Erwachsene auch immer weiter ins Jugendalter ein, z.B. wenn es darum geht, die notwendigen Schritte für den Erwerb beruflicher Fähigkeiten zu ergreifen. Dies alles trägt dazu bei, dass man Jugend eben nicht nur anhand des Alters festmachen darf, sondern auch andere Dimensionen berücksichtigen sollte.
- *Generation/Erlebnisgemeinschaft:* Jugendliche bilden im Zeitverlauf eine Generation. Im Jahre 1928 definierte der deutsche Soziologe Karl Mannheim eine Generation als Erlebnisgemeinschaft (vgl. Mannheim 1928/2009, 137 ff.) und griff dabei auf die Arbeiten von Wilhelm Dilthey zurück. Mitglieder einer Generation teilen demnach zeitgeschichtliche Erfahrungen miteinander, die Bewusstsein, Denken und Handeln formen und die besonders in der Sozialisationsphase wirken (vgl. Oerter/Dreher 1998, 311). Die Zeit der Kindheit und Jugend stellt in diesem Sinne eine formative Phase dar, in der geteilte Erlebnisse die spätere Entwicklung beeinflussen.

Solche gemeinsamen Erlebnisse basieren heute auf der Benut-
zung digitaler Technik wie Computer, Internet oder Handy.[1]
Für die Jugendgeneration der 50er und 60er Jahre waren es
vermutlich Mopeds und Plattenspieler. Indem Jugendliche die
neuesten Techniken aufgreifen, knüpfen sie Gemeinsamkeiten
untereinander und bestimmen die eigene und die gesellschaftliche Zukunft (vgl. Tully 2003, 106 ff.). Jugend wird so zum
Träger des sozialen Wandels. Statt mit einem Generationenkonflikt wie noch in den 1960er und 1970er Jahren haben wir
es heute allerdings mit einem eher friedlichen Nebeneinander
der Generationen zu tun. Der Generationenkonflikt ist heute
entpolitisiert und privatisiert. Die Differenz zwischen den
Generationen ist in die Jugendkultur ausgelagert.

• *Ablösung und Aufbau neuer Beziehungen:* Zur Beschreibung
  von Jugend gehört auch die Ablösung vom Elternhaus und das
  Eingehen neuer Bindungen. Die Heranwachsenden verlassen
  die Herkunftsfamilie und übernehmen Verantwortung für sich
  selbst und für einen Lebenspartner, ggf. für Kinder. Ablösung
  und Neubindung steht synonym für die Übergangsphase der
  Adoleszenz (Hurrelmann 1994, 142 f.; Fend 2005). Der Prozess
  der Ablösung vom Elternhaus findet heute im Vergleich zu
  den Gründungsjahren der Bundesrepublik verzögert statt: Fast
  die Hälfte der 16- bis 29-Jährigen lebt noch bei den Eltern.
  Das durchschnittliche Heiratsalter lag 2007 für Frauen bei
  29,8, für Männer bei 32,7 Jahren (Statistisches Bundesamt
  2009, 56). Vor einhundert Jahren war die Situation ähnlich,
  weil v.a. ärmere Menschen als Singles lebten bzw. als Onkel
  oder Tante weiterhin am elterlichen Hof blieben. In jüngerer
  Zeit thematisiert die Forschung intensiver die Frage nach der
  Bereitschaft der nachwachsenden Generation zur Familiengründung. Dies bedeutet die Übernahme von Verantwortung,
  was individuelle Fähigkeiten ebenso voraussetzt wie die gesellschaftliche Absicherung.

---

1   Auch das Aufwachsen in standardisierter Möblierung, wie sie ein schwedisches Möbelhaus
    weltweit vertreibt, ist Bestandteil der kollektiven Erfahrungen von jungen Erwachsenen heute.

- *Peers:* Der Ablösungsprozess verläuft in mehreren Stufen, wobei der Gruppe der Gleichaltrigen (Peers) eine entscheidende Rolle zufällt. Sie hilft bei der eigenen Entwicklung, bei den sich abzeichnenden und neu entstehenden sozialen Anforderungen (Scherr 2010, 77 f.). Was ist richtig? Es sind die gravierenden Veränderungen in der eigenen Biografie und im Verhältnis zu den Anderen, die ein hohes Maß an Irritation mit sich bringen. Vieles muss neu justiert werden. Die Mehrzahl der damit aufkommenden Fragen verhandeln Jugendliche exklusiv mit ihren Peers, denn nur diese durchleben eine vergleichbare Situation und fungieren insofern als ‚Experten‘ (vgl. Harring u.a. 2010, 9 ff.). Gerade weil die Heranwachsenden im jüngeren Alter ihr Handeln noch nicht an übergreifenden normativen Ordnungen orientieren, begünstigen Peerkontakte die Entwicklung personaler und kommunikativer Strukturierungskompetenzen (Krappmann 1991, 358 f.). Peers sind von daher auch die Basis für die Ausbildung von Jugendkulturen (vgl. Baacke 1999, 9 ff.).
- *Altersstufen und Berechtigungen:* Bereits beim ersten Kriterium, dem Alter, wurde die juristische und politische Eigenständigkeit angesprochen. Wichtig ist hier das Wahlrecht, das Recht, Verträge zu schließen oder den Führerschein zu erwerben. Damit erschließen sich den Jugendlichen neue Aktionsräume und spezifische Berechtigungen (vgl. Scherr 2009, 32). Bis zum Alter von 18 Jahren gelten spezifische Regeln für Heranwachsende. Sie sind als Schutzregelungen angelegt, verpflichten aber Jugendliche gelegentlich auch zu einem bestimmten Verhalten. Zum Beispiel Verzicht auf den Besuch bestimmter Filmangebote, Alkoholkonsum usw. Auch für die Werbung gelten entsprechende Vorschriften. Kinder und Jugendliche dürfen für bestimmte Güter wie Zigaretten und Alkohol nicht umworben werden.
- *Jugend als eine Phase der Qualifizierung:* Jugend ist im Sinne ihrer Übergangslage eine Zeit der Bildung und Ausbildung und damit auch der Vorbereitung auf einen Beruf, der eigenes

Einkommen und Unabhängigkeit ermöglicht. Zu verzeichnen ist heute ein Trend zum längeren Verbleib in Bildungsstätten und insgesamt zu höheren Bildungsabschlüssen.[2] So ist bspw. das durchschnittliche Alter bei Beginn der Berufsausbildung zwischen 1970 und 2006 von 16,6 auf 19,6 Jahre gestiegen (Berufsbildungsbericht 2008, 139). 1960 befanden sich von den 15- bis 20-Jährigen 75 % in einer Lehre oder einem Ausbildungsverhältnis, waren also nicht mehr Schüler. Heute trifft dies nur noch auf 30 % aus dieser Altersgruppe zu. Die Schüler- oder Studentenexistenz wird zur vorherrschenden Lebensform junger Menschen in Deutschland.

- *Körperlichkeit:* Jugendlicher zu sein betrifft nicht nur die soziale Stellung, sondern ebenso die körperliche Veränderung. Es findet der Übergang von der Kindheit zum Erwachsenen statt, die Geschlechtsreife setzt ein und damit verbunden findet eine Umorientierung im Hinblick auf die eigene Identität statt (vgl. Oerter/Dreher 1998, 346 ff.; Hübner-Funk 2003; Fend 2005). Die Jugendforschung hat diesen Aspekt gelegentlich ausgeblendet. Frohmann spricht von der Jugend als körperlosem Forschungsgegenstand (Frohmann 2003, 144). Allerdings spielt der Körper für Jugendliche eine sehr große Rolle, er ist Vehikel zur Abgrenzung, damit Ausweis von Identität: „Mein Aussehen ist nicht das Übliche, aber ich trenne mich gerne vom Durchschnitt ab" (Fend 1994, 120). Erwachsene können sich mit technischen Objekten (trendige smartphones) und trendiger Kleidung jugendtypisch ausstatten, den Unterschied macht der Körper. Möglicherweise spielt deshalb der Körper, spielen Fitness und Körperstyling eine so herausgehobene Rolle. Sport ist ein wichtiges Feld, um den eigenen Körper kennenzulernen (vgl. Brinkhoff 1998, 109). Sport bedeutet auch mit anderen etwas zu unternehmen. Eine der wichtigsten Veränderungen der körperlichen Entwicklung der letzten einhundert Jahre betrifft das vier bis fünf Jahre frühere Einsetzen der Pubertät

---

2   Quelle: eigene Berechnung aus stat. Jahrbüchern. Siehe auch den Bildungsbericht 2010 (Bildung in Deutschland 2010: www.bildungsbericht.de).

(vgl. Schäfers/Scheer 2005, 81 ff.). So setzt die Menarche der Mädchen heute um das 12. Lebensjahr herum ein. Im Jahr 1840 lag das Durchschnittsalter noch bei 17 Jahren. Insoweit sind Personen, die im körperlichen Sinne bereits erwachsen sind, vom rechtlichen Standpunkt aus noch Jugendliche.

Die Bedeutung des Körpers ist unter dem Eindruck jüngerer Trends (z.B. Fitnesswelle, Slow Food), aber auch gewachsener gesellschaftlicher Sensibilität (gewachsenes Risiko für Adipositas, vgl. Mensink u.a. 2007; 13. Kinder- und Jugendbericht 2009) verstärkt in das öffentliche Bewusstsein gerückt. Die Sorge um gesundes Aufwachsen sowie das Interesse an einer gesunden Lebensweise und Ernährung stehen dabei im Zentrum des öffentlichen Interesses.

2.2 Datenquellen der Jugendforschung

Die Beschreibung von Jugend kann sich auf ein breites Repertoire von Untersuchungen beziehen. Allerdings verfolgen die vorliegende Sozialberichterstattung (z.B. das Statistische Jahrbuch) ebenso wie themenspezifische Datenaufbereitungen oder gezielte Erhebungen ihre je eigenen Zwecksetzungen. Diesen Zwecksetzungen entsprechend wird befragt und vorliegendes statistisches Material aufbereitet. Im Wesentlichen gibt es amtliche und nicht amtliche Daten, darüber hinaus werden Themenstudien durchgeführt. Diese können regelmäßig oder auch nur einmalig realisiert werden. Für einen kurzen Überblick der vorhandenen Datenquellen, auf die sich die Jugendforschung stützen kann, haben wir eine Einteilung in drei Kategorien gewählt:

(1) Periodisch erarbeitete Surveys und Reports
   (z.B. Jugendberichte, Studierendensurvey)
(2) Einzeluntersuchungen zu Jugendthemen
(3) Markt- und Auftragsforschung sowie amtliche Daten

(1) Periodisch erarbeitete Surveys und Reports
Als Beispiel dafür kann die *Shell Studie* angeführt werden, zuletzt 2010. Auch der *DJI-Jugendsurvey*, für den inzwischen drei

Untersuchungs-Wellen durchgeführt wurden, ist eine solche, sich wiederholende Befragung. Die aktuelle vierte Welle (2010) läuft im Rahmen eines umfassenden Surveys zu Fragen von Jugend, Kindheit und Familie unter dem Titel AID:A (Aufwachsen in Deutschland: Alltagswelten). Ein spezialisierter Survey ist der *Studierendensurvey;* zuletzt 2008 erschienen, wird er bereits seit 1983 regelmäßig durchgeführt. Bereits seit 1952 gibt es die Sozialerhebung zur Lage der Studierenden (www.sozialerhebung.de), zuletzt 2009 erschienen. Seit mittlerweile elf Jahren wird die *JIM-Studie* veröffentlicht. Sie konzentriert sich auf den Medienbesitz und -gebrauch Jugendlicher und auf die Medienausstattung der Haushalte, in denen junge Menschen aufwachsen.

Neben Surveydaten gibt es regelmäßige Berichte, die auf Zusammenstellungen öffentlicher Statistiken basieren, insbesondere sind der Bildungsbericht und der Berufsbildungsbericht zu nennen, die alle zwei Jahre, bzw. jährlich erscheinen – beide zuletzt 2010. An dieser Stelle sind auch die regelmäßig (einmal pro Legislaturperiode) erstellten Jugendberichte einzuordnen, deren Geschäftsführung beim Deutschen Jugendinstitut liegt. Der 12. Kinder- und Jugendbericht bezieht sich auf Bildung, der 13. Kinder- und Jugendbericht auf Gesundheit und der nun in Bearbeitung befindliche 14. Bericht fokussiert die Bewertung der Kinder- und Jugendhilfe.

(2) Einzeluntersuchungen zu Jugendthemen

Während Surveydaten zumeist auf statistischen Erhebungen beruhen, kann die Datenbasis für Einzelstudien sowohl eine quantitative (statistische) als auch eine qualitative (Interviews, Gruppendiskussionen, Videoaufzeichnungen etc.) Erhebung sein. Die hier genannte Liste an Studien ist notwendigerweise unvollständig. Wichtige quantitative Einzelstudien zu Jugendlichen sind *null zoff & voll busy* (Zinnecker u.a. 2002), die *IG-Metall-Jugendstudie* (Biouche/Held 2002), und die DJI-Studie *Jugendliche in neuen Lernwelten* (Wahler/Tully/Preiß 2008). Daneben gibt es zahlreiche Studien mit spezifischer Fragestellung. Zum Beispiel zur Geldverwendung (z.B. Fries u.a. 2007; Lange 2004; 2007), zur Internetnutzung (z.B. Otto u.a. 2005; Mülleneisen 2007) oder auch zum Umweltbewusstsein (z.B. Lappe u.a. 2000; Braun 2009).

(3) Markt- und Auftragsforschung sowie amtliche Daten
Jenseits der Jugendforschung fungieren *Markt- und Auftragsforschung und Daten des Statistischen Bundesamts sowie der Statistischen Landesämter* als wichtige Datenquellen.

- Markt- und Auftragsforschung: Zu nennen sind hier vor allem die *VerbraucherAnalyse Jugend* und die *VerbraucherAnalyse Kids*, die wie verschiedene Bravo-Studien (vgl. Bravo 2007a; 2007b; 2009) von den Verlagen Bauer Media und Axel Springer durchgeführt werden. Weiter gibt es jährlich die Iconkids-Studien. Auch spezielle Studien, wie die vom deutschen Bankenverband in Auftrag gegebene Studie zum Wirtschaftsverständnis und der Finanzkultur Jugendlicher, zählen hierzu (vgl. Jung 2006).
- Öffentliche Statistiken: Beispiel für diese Rubrik sind der *DJI-Zahlenspiegel 2005 – Kindertagesbetreuung im Spiegel der Statistik*, der regelmäßig vom BMBF herausgegebene *Freiwilligen Survey*, der jährliche *Datenreport* des Bundesstatistikamts bzw. das Statistische Jahrbuch.

Grenzen des Datenvergleichs:
Die nachstehende Darstellung des Wertesystems, der Freizeitaktivitäten, des Konsums und der Umwelteinstellungen Jugendlicher stützt sich auf Befunde einer Vielzahl solcher Studien und Statistiken. Die Zusammenschau von Ergebnissen ganz verschiedener Studien schließt einige Problemstellungen ein, die zu beachten sind. Ein direkter Datenvergleich ist, streng genommen, häufig nicht möglich. Zum einen unterscheiden sich die Grundgesamtheiten der Erhebungen: Teils sind dies die Jugendlichen in ganz Deutschland, teils nur die in West- oder Ostdeutschland. Teils erheben die Studien Jugendliche in Bezug auf die Wohnbevölkerung (alle Jugendlichen in Deutschland), teils in Bezug auf die Staatsangehörigkeit (Jugendliche mit deutschem Pass). Ne-

ben der Grundgesamtheit sind es verschiedene Fragestellungen, die einen Abgleich der Ergebnisse erschweren. So werden den Jugendlichen sowohl offene Fragen, bei denen es keine Antwortvorgaben gibt, wie auch geschlossene Fragen, bei denen aus einer Reihe von Antwortmöglichkeiten ausgewählt werden muss, gestellt. Bei der Bewertung von Sachverhalten haben die Jugendlichen teils die Möglichkeit, jedes der abgefragten Items extra zu bewerten (z.B. Schule „schlecht" oder „gut"; Internet „schlecht" oder „gut"), teils werden sie aufgefordert verschiedene Sachverhalte gegeneinander abzuwägen (z.B. Schule ist besser als Internet). Hinzu kommen unterschiedliche Formulierungen von inhaltlich gleichen Fragestellungen, die ebenfalls einen Einfluss auf das Antwortverhalten der Jugendlichen haben können.

Des Weiteren arbeiten die zugänglichen Jugendstudien mit unterschiedlichen Altersgruppierungen. So erheben bspw. die letzten beiden *Shell Studien* ihre Daten für die 12- bis 25-Jährigen, die *JIM-Studien* für die 12- bis 19-Jährigen und die Studie *null zoff & voll busy* für die 10- bis 18-Jährigen. Der *DJI-Jugendsurvey* befragte in den ersten beiden Wellen 1992 und 1997 Jugendliche im Alter von 16 bis 29 Jahren, 2003 dann 12- bis 29-Jährige. In der umfassenderen DJI-Erhebung *AID:A* (Aufwachsen in Deutschland: Alltagswelten) von 2009 wurden Kinder ab neun sowie Jugendliche und junge Erwachsene zwischen 13 und 32 Jahren befragt.

Die verschiedenen Altersklassen lassen teils einen Abgleich unterschiedlicher Lebensabschnitte zu, eine trennscharfe Gegenüberstellung ist aber aufgrund der oft großen Überlappungen der Altersgruppen nicht möglich. Auch werden die erhobenen Daten, wie etwa die für die 12- bis 25-Jährigen der *Shell Studien*, für viele Themengebiete nicht für kleinere Einheiten (z.B. 12- bis 14-Jährige ...) oder einzelne Jahrgänge angegeben. Entsprechend geben die Daten nur einen groben Überblick, da etwa ein 12-jähriges Mädchen mit einer 25-jährigen jungen Frau allenfalls die Kategorie Geschlecht gemeinsam hat. Auch eine Aufsplittung der Ergebnisse und vergleichende Darstellungen nach Schicht,

Bildung, ökonomischem Status oder Migrationshintergrund erfolgt nicht immer.

Trotz dieser Probleme werden im Folgenden die Daten verschiedener Studien aufbereitet, um ein Gesamtbild der heutigen Jugend, ihrer Wertorientierungen, Freizeitaktivitäten, Konsumgewohnheiten und Einstellungen zum Thema Umwelt zu geben.

3. Heranwachsende:
ihre gesellschaftlichen Bezüge

Nachstehend werden aufgrund vorliegender Daten der von uns gesichteten Surveys und Erhebungen folgende Bereiche diskutiert:
- Wie sehen Jugendliche ihre eigene Zukunft und ihre momentane Situation,
- wie schätzen sie die gesellschaftliche Entwicklung ein,
- welche Risiken werden von ihnen aktuell und für die eigene Zukunft gesehen und vor allem:
- was ist Jugendlichen wichtig und
- welche Wertorientierungen können ihnen zugeschrieben werden?

3.1 Zukunft – Erwartungen und Ängste

Jugendliche schmieden Pläne, haben Zukunftsziele und Erwartungen an ihr Leben und geben ihrer weiteren Entwicklung damit eine Richtung (vgl. Linssen u.a. 2002, 86). Aber auch die Gesellschaft verbindet ihre eigene Zukunft mit den Vorstellungen der nachwachsenden Generation und deren Einstellung zu Gesellschaft. Jugendtrends stehen für absehbare Entwicklungen der künftigen Gesellschaft (vgl. ebd.). Von daher ist die Frage, wie Jugendliche ihre Zukunft sehen, ein erster Anhaltspunkt dafür, welche Ansichten die nächste Generation in eine Gesellschaft mitbringt, die künftig die ihre ist. Dabei leben die Jugendlichen aber nicht nur für die Zukunft, sondern Jungsein heißt zwingend *jetzt* zu leben. Mit der Ausdehnung der Jugendphase wird dieses „Jetzt" und damit die Phase des Übergangs ins Erwachsenenalter verlängert (vgl. Tully/Wahler 1982, 1985; Sardei-Biermann 2008, 15 ff. für die Daten, die aus dem DJI-Survey vorliegen). Obwohl Jugendliche, und dafür sprechen insbesondere die unzähligen Jugendkulturen, vor allem im „Jetzt" leben, sind sie doch stark daran interessiert, was künftig passiert (vgl. Reinders 2005, 30 ff.). Insofern ist Jugend immer am „Jetzt" und an der eigenen Verortung in einer zukünftigen Gesellschaft ausgerichtet.

3.1.1 Künftige Entwicklungen – Einschätzungen der gesellschaftlichen Zukunft

Der Frage nach Zukunftserwartungen der Jugendlichen wird in Jugendstudien immer wieder nachgegangen. Hierzu gehört auch die Frage nach der Zukunft unserer Gesellschaft. Die Daten der *Shell Studien* zeigen, dass die Zukunft in den 1990er Jahren öfter (vgl. Fuchs-Heinritz 2000, 25), in den 2000er Jahren weniger häufig positiv beurteilt wurde (vgl. Gensicke 2006, 170) (vgl. Tab. 1).

   Die positive Einschätzung der gesellschaftlichen Zukunft der 15- bis 24-Jährigen nimmt den *Shell Studien* zufolge von 2000 bis 2006 ab (vgl. Linssen u.a. 2002, 89 f.; Gensicke 2006, 170 f.), 2010 hellt sie sich dann ein wenig auf (vgl. Leven u.a. 2010, 127). Dabei sehen die Jugendlichen in Ostdeutschland die Zukunft immer etwas negativer (57 % glauben an eine eher düstere Zukunft) als ihre Altergenossen im Westen (53 %). Ein noch düstererer Blick in die gesellschaftliche Zukunft als in den 2000er Jahren wurde bisher nur in der *Shell Studie 1981* erhoben (eher düster 58 %, eher zuversichtlich 42 %; vgl. Fischer/Fuchs 1981, 392).[1]

   Vereinzelt enthalten die Studien auch Angaben zu Gruppenunterschieden: So weisen die Daten von 1997 aus, dass keine geschlechtsspezifischen Unterschiede bei der Einschätzung der Zukunft bestehen, zeigen aber, dass jüngere Befragte opti-

---

1   Zu beachten ist bei diesem Vergleich allerdings, dass in der *Shell Studie* 2002 die Möglichkeit bestand „Keine Angabe" anzukreuzen – dadurch fallen die Werte für beide Aussagen – eher zuversichtlich/eher düster – niedriger aus, da den Befragten die Zuordnung zu einer der beiden Einschätzungen nicht mehr aufgezwungen wird.

Tab. 1: *Einschätzung der gesellschaftlichen Zukunft*
(in Prozent)

Shell-Studie 2002-2010 (15- bis 24-Jährige)					
	2002		2006		2010	
	West	Ost	West	Ost	West	Ost
Eher zuver- sichtlich	52	35	43	37	47	43
Eher düster	48	65	57	63	53	57

Quelle: Eigene Zusammenstellung nach Leven u.a. 2010, 127; Die Fragestellung lautete: „Wie ist es mit der Zukunft unserer Gesellschaft? Sehen Sie die eher düster, oder eher zuversichtlich?"

mistischer sind als ältere Jugendliche (vgl. Münchmeier 1997, 292). Ein solcher Alterseffekt könnte auch teilweise die Differenz zu den Daten der Studie *null zoff & voll busy* erklären,[2] dort wurde eine deutlich jüngere Altersgruppe befragt, welche sich um einiges positiver äußert. Hier geben für das Erhebungsjahr 72 % der 10- bis 18-Jährigen an, die gesellschaftliche Zukunft[3] eher zuversichtlich zu betrachten (vgl. Zinnecker u.a. 2002, 117). Dabei ist die Gruppe der 10- bis 12-Jährigen die optimistischste, 84 % dieser Gruppe sehen zuversichtlich in die gesellschaftliche Zukunft, während es bei den 16- bis 18-Jährigen nur noch 61 % sind (vgl. Zinnecker u.a. 2002, 117).

3.1.2 Urteile zur persönlichen Zukunft

Neben der Einschätzung der gesellschaftlichen Entwicklung werden die Jugendlichen auch danach gefragt, wie sie ihre persön-

---

2 Dies unter dem Vorbehalt, dass die Grundgesamtheit der Studien verschieden ist (*Shell:* Jugendliche Gesamtdeutschland; *null zoff & voll busy* 2002: Jugendliche Westdeutschland). Entsprechend ist auch ein Ost-West-Effekt denkbar.

3 Fragestellung in *null zoff & voll busy* 2002: „Man kann ja die eigene Zukunft, wie das Leben für uns alle weitergehen wird, eher düster oder eher zuversichtlich sehen. Wie ist das bei Dir?"

liche Zukunft einschätzen. Den Zahlen für 2010 folgend, sehen 61 % der westdeutschen und 60 % der ostdeutschen Jugendlichen zwischen 15 und 24 Jahren die eigene Zukunft eher zuversichtlich(vgl. Leven u.a. 2010, 125).

In der Studie *null zoff & voll busy* (Zinnecker u.a. 2002) fällt die Einschätzung der eigenen Zukunft[4] weniger positiv aus. Nur 39 % der 10- bis 18-Jährigen sehen „eher zuversichtlich" in die eigene Zukunft (vgl. Zinnecker u.a. 2002, 118). Im gleichen Jahr zeigen sich die 12- bis 25-Jährigen mit insgesamt 57 %, die „eher zuversichtlich" an die persönliche Zukunft denken, um einiges optimistischer. Ein Unterschied, der sich in dem Befund widerspiegelt, dass die Einschätzungen der persönlichen Zukunft mit zunehmendem Alter positiver ausfallen (vgl. Linssen u.a. 2002, 86). Die altersabhängige Wahrnehmung der persönlichen Zukunft (immer positiver) läuft damit entgegengesetzt dem Alterstrend der Wahrnehmung der gesellschaftlichen Zukunft (immer negativer). Die Autoren der *Shell Studie* fragen aufgrund

Tab. 2: Einschätzung der persönlichen Zukunft (in Prozent)

Shell-Studie 2002-2010 (15- bis 24-Jährige)						
	2002		2006		2010	
	West	Ost	West	Ost	West	Ost
Eher zuver-sichtlich	58	52	50	50	61	60
Eher düster	6	8	9	10	7	11

Quelle: Eigene Zusammenstellung nach Leven u.a. 2010, 125; Fehlende Werte auf 100 % entfallen auf die Antwortmöglichkeit "Gemischt"; Die Fragestellung lautete: „Wie stellen Sie sich die Zukunft vor? Man kann ja die Zukunft, wie das eigene Leben so weitergehen wird, eher düster oder eher zuversichtlich sehen? Wie ist das bei Ihnen?"

---

4   Fragestellung: „Man kann ja die eigene Zukunft, wie das eigene Leben weitergehen wird, eher düster oder eher zuversichtlich sehen. Wie ist das bei Dir?"

dieser gegenläufigen Zukunftseinschätzungen, ob die Jugendlichen keine Verknüpfung zwischen persönlicher und gesellschaftlicher Zukunft sehen oder ob es sich bei der pessimistischen Einschätzung der gesellschaftlichen Entwicklung vielleicht nur um Rhetorik handelt (vgl. Fuchs-Heinritz 2000, 28). Denkbar wäre auch, dass die Jugendlichen diese Differenz sehr wohl sehen. Für den Teil der Befragten, die insgesamt negativ gestimmt sind, aber die eigene Zukunft positiv sehen, könnte dies auf eine hohe Selbstgewissheit hinweisen, aber auch darauf, dass sich diese Jugendlichen einem hohen Erwartungsdruck aussetzen.

Die *Shell Studie 2002* schlüsselt die Einschätzung der persönlichen Zukunft in Bezug auf den angestrebten Schulabschluss und die soziale Einbindung[5] der Jugendlichen auf. Die Einschätzung der persönlichen Zukunft wird mit dem angestrebten Bildungsabschluss offensichtlich positiver. Demnach sieht nur ein gutes Drittel der Hauptschüler/-innen (36 %) „eher zuversichtlich" in die Zukunft, während bei den anderen schulischen Abschlüssen jeweils über die Hälfte der Jugendlichen zu einer positiven Einschätzung der eigenen Zukunft kommt (vgl. Linssen u.a. 2002, 88 f.). Auch der Grad der sozialen Einbindung zeigt einen deutlichen Einfluss: Wer schlecht ein-

Tab. 3: Einschätzung der persönlichen Zukunft nach Schulabschluss (in Prozent)

	Hauptschul-abschluss	Realschul-abschluss	Fachhoch-schulreife	Abitur
Eher zuversichtlich	36	52	55	59
Gemischt	55	44	34	37
Eher düster	8	3	11	3

Quelle: Linssen u.a. 2002, 88 (Shell Studie 2002).

---

5 Der Index zur sozialen Eingebundenheit wurde „aus den Aussagen der Jugendlichen zu ihrem Verhältnis zu den Eltern sowie ihren Angaben, ob sie einer Clique angehören und eine feste Partnerschaft haben, gebildet" (vgl Linssen u.a. 2002, 88 f.).

gebunden ist, blickt seltener (29 %) positiv in die Zukunft, wer
gut in seinem Umfeld verankert ist, sieht sie „eher zuversichtlich"
(61 %) (vgl. ebd.). In der aktuellen *Shell Studie* wird die Einschätzung der persönlichen Zukunft auch auf die soziale Herkunft
bezogen: Hier zeigt sich, wenig überraschend, dass Jugendliche
aus der Unterschicht weniger postiv in die persönliche Zukunft
blicken als ihre Altersgenossen in der Mittel- und Oberschicht
(vgl. Leven u.a. 2010, 126).

3.1.3 Eigene Zukunft und Arbeitsweltbezug

Die Orientierung der Jugendlichen an der Zukunft spiegelt sich
auch in der Bedeutung, die sie der Berufsvorbereitung zuschreiben,
wider (vgl. Reinders 2005, 31, 35; Reißig u.a. 2006). Der hohe
Stellenwert der beruflichen Zukunft ist ein gesellschaftlich vorge-
gebener Wert, den sich die Jugendlichen aneignen (Tully 2007).

Eine Befragung von Hauptschülern und Hauptschülerinnen des
Abschlussjahrgangs im Rahmen des DJI-Forschungsschwerpunkts
Übergänge in Arbeit zeigt, dass die zwei wichtigsten Kriterien bei
der Wahl der Ausbildung die Chance auf den Ausbildungsplatz
ist (91 % der Jungen, 90 % der Mädchen geben dies an) und ein
sicherer Arbeitsplatz (95 % der Jungen und 94 % der Mädchen)
(vgl. Reißig u.a. 2006, 7). Auch der Besuch von berufsbildenden
Maßnahmen für die Jugendlichen, die den Zugang zu einer beruflichen Ausbildung nicht auf Anhieb bewältigt haben, ist zumeist
intrinsisch, aus dem Wunsch heraus, sich für den Arbeitsmarkt
zu qualifizieren, motiviert (vgl. Skrobanek 2003, 29 ff.). Und
auch für die Auszubildenden und jungen Arbeitnehmer/-innen,
ist der Beruf von hoher Bedeutung: Die *IG-Metall-Jugendstudie
2000* zeigt, dass sie Beschäftigung höher einstufen als Freizeit
(Biouche/Held 2002, 42 f., 115 f.).

Der Blick in die eigene berufliche Zukunft kann je nach Situation der Jugendlichen positiv oder negativ ausfallen. Die Bewertung ist dabei u.a. von der Einschätzung der Einflussmöglich-
keiten auf den eigenen Werdegang abhängig. Die in Brandenburg
durchgeführte Studie *Werte, Familie, Politik, Gewalt – Was bewegt*

die Jugend? liefert einen Eindruck für eine solche Einschätzung bei ostdeutschen Jugendlichen der 7. bis 13. Klassenstufe (vgl. Reinmuth/Sturzbecher 2008, 16; Landua 2008, 3). Die Studie fragt danach, ob Jugendliche ihre Zukunft als Ergebnis des eigenen Handelns betrachten (internale Kontrollüberzeugung) oder ob sie äußere Gründe (z.B. Glück, Schicksal, soziale Gegebenheiten) für Entwicklungen im eigenen Leben verantwortlich machen (externale Kontrollüberzeugung) (vgl. ebd., 16). Die Befragten mussten hierzu Aussagen bewerten, z.B. „Es lohnt sich nicht, sich anzustrengen, weil sowieso alles anders kommt" (Reinmuth/Sturzbecher 2008, 16). Die Studie überprüfte hierfür die Ausprägung der externalen Kontrollüberzeugungen, die bei einem Großteil der befragten Jugendlichen (76,8 %) niedrig bzw. eher niedrig ausgeprägt sind. Dabei nehmen externale Kontrollüberzeugungen mit dem Alter weiter ab (vgl. ebd.). Auch der Schultyp beeinflusst die Einstellung der Jugendlichen. Mit zunehmender Bildung wächst die Überzeugung, selbst der Gestalter der eigenen Zukunft zu sein (85,6 % der Gymnasiasten fühlen sich kaum fremdbestimmt) (vgl. ebd., 17).

Wird weniger Fremdkontrolle (niedrige Werte für die externalen Kontrollüberzeugungen) wahrgenommen, ist auch der Blick in die berufliche Zukunft optimistischer (r = -.322) (vgl. ebd., 16). Die Ausprägung der gefühlten Fremdbestimmung hängt auch mit der Einstellung zu Veränderungen zusammen: „Je stärker das Gefühl der Fremdbestimmtheit, desto höher ist die Ablehnung von Veränderungen im Leben (r = .346)" (ebd., 19). Wer der Überzeugung ist, dass sein eigenes Handeln die Situation positiv beeinflusst, glaubt dementsprechend eher daran, seinen beruflichen Werdegang nach eigenen Vorstellungen umsetzen zu können. So geben auch knapp drei Viertel (73 %) der Jugendlichen an, ihre berufliche Zukunft optimistisch einzuschätzen (vgl. ebd., 18).[6] Am zuversichtlichsten gestimmt sind

---

6 Erhoben wurde die Einschätzung der beruflichen Zukunft über die Wertung von drei Items („Mein Berufswunsch wird in Erfüllung gehen", „Ich werde einen sicheren Arbeitsplatz finden", „Ich denke, ich werde eine gesicherte Zukunft haben"). Daraus wurde eine Skala für den sog.

die 12- bis 14-Jährigen, hier gehen 83 % davon aus, dass sie ihre
beruflichen Wünsche in die Tat umsetzen können, während es
bei den über 18-Jährigen nur noch zwei Drittel sind (vgl. ebd.).
Zwischen Jungen (72,8 %) und Mädchen (73,2 %) gibt es auf
den ersten Blick keine Unterschiede, betrachtet man aber nur
die Kategorie des „hohen" beruflichen Zukunftsoptimismus, sind
sich die Jungen (16,2 %) ihrer positiven beruflichen Zukunft um
einiges sicherer als die Mädchen (10,5 %) (vgl. ebd.). Für beide
Geschlechter gilt, dass die Einschätzung der beruflichen Zukunft
mit zunehmender Bildung positiver wird (vgl. Jung 2006, 2).

3.1.4 Zukunftsängste – Risiken, die Jugendliche betonen

Hintergrund für die Zukunftseinschätzungen der Jugendlichen
sind Problemstellungen und Zukunftsängste, mit denen sie sich
und die Gesellschaft gleichermaßen konfrontiert sehen. Am
bedrohlichsten bewerten die 12- bis 25-Jährigen der *Shell Studie*
(2010) nach die schlechte Wirtschaftslage (70 % der befragten
Jugendlichen) und die Arbeitsplatzunsicherheit (62 %). Daran
schließt sich die Angst vor Terroranschlägen (61 %) und auf Platz
vier die Bedrohung durch Umweltverschmutzung (60 %) an
(vgl. Leven u.a. 2010, 119). Dabei haben seit 2002 insbesondere
die Nennungen der schlechten Wirtschaftslage (2002: 66 %)
und die Arbeitsplatzunsicherheit bzw. die Angst davor, keinen
Arbeits- oder Ausbildungsplatz zu finden (2002: 55 %), stark
zugenommen (vgl. ebd.). Die Wahrnehmung der Gefahr durch
die Umweltverschmutzung hat sich hingegen nur wenig verändert
(2002: 62 %) (vgl. ebd.). Neu aufgenommen wurde die Frage
nach dem Klimawandel, er wird von 57 % der Jugendlichen als
Bedrohung angesehen und landet damit auf dem fünften Platz
bei den erhobenen Ängsten (vgl. Leven u.a. 2010, 119).

In der Untersuchung *null zoff & voll busy* (Zinnecker u.a.
2002) wurden die Jugendlichen danach gefragt, was ihrer Mei-

„berufsbezogenen Zukunftsoptimismus" gebildet, die die Werte „niedrig", „eher niedrig", „eher
hoch", und „hoch" umfasst. Die angegebenen Daten entsprechen einer Zusammenfassung
der Werte „eher hoch" und „hoch" (vgl. Reinmuth/Sturzbecher 2008, 16 ff.).

Abb. 3: Probleme und Ängste Jugendlicher

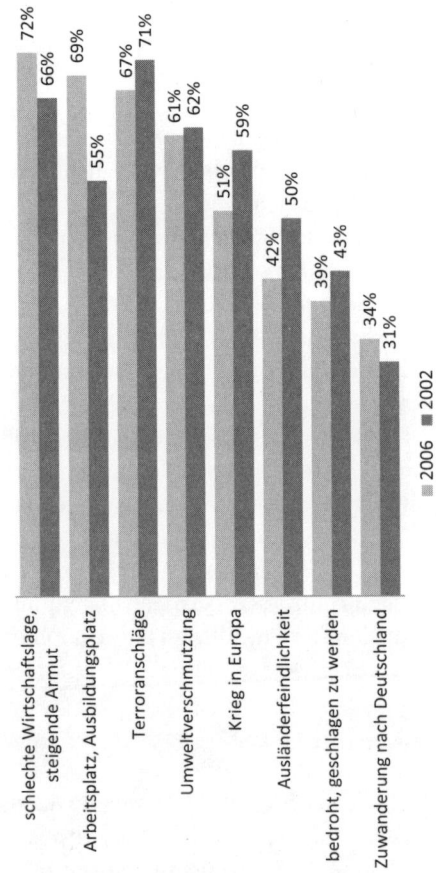

	2006	2002
schlechte Wirtschaftslage, steigende Armut	72%	66%
Arbeitsplatz, Ausbildungsplatz	69%	55%
Terroranschläge	67%	71%
Umweltverschmutzung	61%	62%
Krieg in Europa	51%	59%
Ausländerfeindlichkeit	42%	50%
bedroht, geschlagen zu werden	39%	43%
Zuwanderung nach Deutschland	34%	31%

Quelle: Gensicke 2006, 171; Jugendliche zwischen 12 und 25 Jahren; Angaben in %; Die Fragestellung lautete: „Verschiedene Dinge betrachten manche als großes Problem, andere hingegen als Nebensächlichkeit. Machen Innen persönlich die folgenden Dinge Angst oder keine Angst?" Für zehn Themen standen die Wertungen „Das macht mir Angst" und „Das macht mir keine Angst" zur Auswahl.

nung nach in der Zukunft passieren wird. Die Nennungen der Jugendlichen ähneln den Ergebnissen der *Shell Studien* 2002 und 2006: 76 % der 13- bis 18-Jährigen glauben an eine Zunahme gewalttätiger Konflikte, 71 % denken, dass es immer weniger Arbeitsplätze geben wird, 64 % gehen davon aus, dass Technik und Chemie die Umwelt zerstören werden, und 63 % sehen eine Verschärfung der wirtschaftlichen Krisen auf sich zukommen (vgl. Zinnecker u.a. 2002, 118).

Die Umweltrisiken werden damit auch von den jüngeren Befragten als bedeutsam eingeordnet (vgl. auch Bertelsmann Stiftung 2009, 7 f.), aber auch bei diesen sind, wie bereits bei den Älteren, die wirtschaftlichen Sorgen stärker ausgeprägt. Dies ist im Abgleich zur Wahrnehmung der Umweltrisiken zu bedenken, da die beiden Bereiche in einem Wechselverhältnis stehen: Denn trotz Wirtschaftswachstum durch Umwelttechnologien und Umweltschutz bleibt es immer ein Abwägen zwischen wirtschaftlichem Wachstum und Umweltverbrauch. Die Jugendlichen sind sich dieser Beziehung bewusst (vgl. Lappe u.a. 2000, 166 ff.), die größere Sorge um die wirtschaftliche Zukunft rührt daher, dass der Bezug zur eigenen beruflichen Zukunft größer ist als der zu Umweltproblemen, die meist nicht in der direkten Umgebung wahrnehmbar sind. Die Zukunftssorgen der Heranwachsenden weisen so bereits darauf hin, dass es bei nachhaltiger Entwicklung und nachhaltigem Konsum um Alltagsnähe gehen muss, wenn die Jugendlichen erreicht werden sollen.

3.2 Wertorientierungen

Werden Jugendliche danach gefragt, was ihnen wichtig sei, so stehen Freundschaft, Partnerschaft und Familie weit oben. Jugendliche haben somit wesentliche Werteinstellungen mit den Erwachsenen gemein. Auffällig aber ist, dass sich die Werthaltungen Jugendlicher seit einigen Jahren als zunehmend (lebens-)situationsabhängig erweisen (vgl. auch Gensicke 2006, 169; Fritsche 2000, 93 ff.). Dies ist u.a. dadurch bedingt, dass Jugendliche in einer

Gesellschaft mit vielfältigen Werthaltungen aufwachsen. Sie sind aufgefordert, sich unter dem Eindruck vieler Möglichkeiten zu positionieren (vgl. Großegger 2003, 153 ff.; Fritsche 2000, 94 ff.). Was in der Soziologie als Multioptionalität der modernen Gesellschaft beschrieben wird, in der die Subjekte beständig aufgefordert sind, sich zu entscheiden und gegebene Möglichkeiten zu nutzen, wird bereits von den Jugendlichen gelebt. Nicht von ungefähr wird von der „Generation der Werte-Sampler" (Großegger 2003, 154) gesprochen. Das heißt, Jugendliche leben nicht mehr nach einem Entweder-oder-Schema, sondern kombinieren für sich selbst Werte, was allerdings auch die Kombination sich widersprechender Werte einschließen kann (vgl. Fritsche 2000, 95 ff.; Großegger 2003, 155; Keupp 1994, 346).

In der Tat werden Jugendlichen heute auch scheinbar widersprüchliche Wertkombinationen und situationsspezifische Werthaltungen abgefordert: Durchsetzungsfähigkeit, Risikobereitschaft, Mobilität und Spontaneität sind zu gängigen Anforderungen geworden, während Disziplin, Loyalität und Heimatverbundenheit gleichermaßen einen hohen Stellenwert besitzen (vgl. Fritsche 2000, 93 f.). Spannungsverhältnisse können sich hier zwischen Mobilität und Nachhaltigkeit, Durchsetzungsfähigkeit und Empathie/ Engagement sowie Heimatverbundenheit und Flexibilität ergeben.

Wenn in der *Shell Studie* von einer „pragmatischen Generation" (vgl. Hurrelmann u.a. 2006, 31) die Rede ist, dann geht es um eine Wertsynthese aus Selbstentfaltung und Selbstkontrolle (vgl. Gensicke 2002, 140 f.). Die Jugendlichen bauen sich eine Brücke zwischen ihren Wünschen und den an sie gestellten Herausforderungen, indem sie letztere annehmen (Selbstkontrolle) und zugleich ihre Freiräume leben (Selbstentfaltung). Dies stellt eine klare Veränderung gegenüber den 1960er, 1970er und 1980er Jahren dar. Die Handlungsfreiräume und Mitbestimmungsmöglichkeiten der nachwachsenden Generation wurden damals höher eingestuft und von den Heranwachsenden auch eingefordert (vgl. ebd.). Im Nachhinein erscheint Gesellschaft für vorangegangene Kohorten als verlässlicher, kalkulierbarer. Heute wird selbst

Wirtschaftswachstum nicht mehr als günstige Voraussetzung für die eigene Biografie gedeutet, da die Zahl prekärer Arbeitsverhältnisse (Projekt-, Zeitverträge) stetig zunimmt.

3.2.1 Was Jugendlichen und jungen Erwachsenen im Leben wichtig ist

Für Jugendliche ist vor allem das soziale Nahfeld wichtig.[7] Hoch bedeutsam für die 12- bis 25-Jährigen sind Freundschaft (2010: 97 %), gefolgt von Partnerschaft (95 %) und Familienleben (92 %) (vgl. Gensicke 2010, 197). Auch Eigenverantwortung (90 %) und Unabhängigkeit (84 %) werden hoch bewertet. Unabhängigkeit wird von den Jugendlichen heute nicht mehr mit der Emanzipation von den Eltern verknüpft, stattdessen wird die Familie als Auffangnetz gesehen in Zeiten der Unsicherheiten, mit denen sich die Jugendlichen konfrontiert sehen. Jugendliche setzen – wie jüngere DJI-Daten zeigen – weniger auf staatliche Institutionen und wieder stärker auf private Sicherung (Tully 2008c, 164).

Ähnliche Ergebnisse liefern Daten des *DJI-Jugendsurveys* (2003) für die 16- bis 29-Jährigen. Hier wurde spezifischer nach der Wichtigkeit von Lebensbereichen gefragt. Die Lebensbereiche ‚Freunde und Bekannte‘, ‚Eltern und Geschwister‘ sowie ‚Partnerschaft‘ erhalten hier hohe Zustimmungswerte (wichtig/sehr wichtig) von ca. 90 % (vgl. Gille 2006, 196). Zusätzlich kommen den Bereichen ‚Beruf und Arbeit‘ (Mädchen und Jungen: 92 %) sowie ‚Schul- und Berufsausbildung‘ (Mädchen: 92 %, Jungen: 90 %) und der Bedeutung der Orientierung an der eigenen beruflichen Zukunft (vgl. ebd.) besonders hohe Bedeutung zu. Die drei Wellen des Jugendsurveys von 1992, 1997 und 2003 für die 16- bis 29-Jährigen zeigen, dass sich kaum Veränderungen für

---

7   Den 12- bis 25- Jährigen wurden 25 Wertorientierungen vorgelegt (gestützte Abfrage), die sie jeweils auf einer Skala von 1 (unwichtig) bis 7 (außerordentlich wichtig) bewerten konnten. Die Fragestellung dazu lautete: „Jeder Mensch hat ja bestimmte Vorstellungen, die sein Leben und Verhalten bestimmen. Wenn Sie einmal daran denken, was Sie in ihrem Leben eigentlich anstreben: Wie wichtig sind dann die folgenden Dinge für Sie persönlich?"

Abb. 4: Wertorientierungen – Wichtigkeit für die Lebensgestaltung

Quelle: Gensicke 2010, 197; Jugendliche zwischen 12 und 25 Jahren; Abfrage mit einer Skala von 1 bis 7, die Antwortoptionen 5 bis 7 wurden als "wichtig" definiert. Die Frage lautete: „Jeder Mensch hat ja bestimmte Vorstellungen, die sein Leben und sein Verhalten bestimmen. Wenn Sie einmal daran denken, was Sie in ihrem Leben eigentlich anstreben: Wie wichtig sind dann die folgenden Dinge für Sie persönlich?". Bewertet wurden 24 Items.

die Wertebereiche Freunde, Familie, Bildung und Beruf angeben lassen (vgl. Gille 2006, 201). Dafür werden allerdings zwei Ausnahmen formuliert: Wenn es um die eigene Partnerschaft und um das Gründen einer eigenen Familie mit Kindern geht, weisen 2003 mehr der 16- bis 29-Jährigen eine hohe Wertschätzung dieser Lebensbereiche auf (Partnerschaft: 89 %, eigene Familie mit Kindern: 76 %) als 1992 (79 % und 60 %) (vgl. ebd.).

Für die jüngere Altersgruppe der 10- bis 18-Jährigen wurden in der Studie *null zoff & voll busy* (Zinnecker u.a. 2002) Werte bzw. Ziele über eine offene Fragestellung erfasst. Gefragt wurde, was sie in ihrer Zukunft erreichen möchten (vgl. Zinnecker u.a. 2002, 121). Dabei zeigt sich in etwa die gleiche Rangfolge wie bei den älteren Befragten – mit der Ausrichtung der Frage auf „Ziele" erhält der zukünftige Beruf dabei aber eine höhere Bedeutung:

54 % der 10- bis 18-Jährigen geben an, sie wären stolz, wenn sie den Übergang in das Berufsleben schaffen würden. Ebenfalls hoch gewertet wird wiederum die Familie, hier aber nun als Leistung, eine eigene Familie zu gründen – 36 % der befragten Jugendlichen wären hierauf stolz (vgl. ebd., 122). Dabei messen die Mädchen sowohl dem Beruf (62 %) wie auch der Familie (42 %) eine weitaus höhere Bedeutung bei als die Jungen (Beruf: 44 %, Familie: 30 %).

Trotz ähnlicher Reihung der Dinge, die den Jugendlichen im Leben wichtig sind, ergeben sich mit dem Alter Verschiebungen bei den Wertorientierungen (vgl. Tab. 4). Diese Änderungen stehen im Zusammenhang mit den Besonderheiten der Übergangsphase Jugend, in der eine Anzahl sogenannter Entwicklungsaufgaben zu bewerkstelligen ist. Hierzu gehören u.a. Ablösung von den Eltern, Aufbau eines Freundeskreises, Entwicklung einer eigenen Identität, Vorbereitung auf eine berufliche Karriere, Eingehen einer Partnerschaft (vgl. Oerter/Dreher 1998, 328 f.).

Tab. 4: Wichtige Dinge im Leben* (in Prozent)

	Altersgruppen				
	12-13 Jahre	14-17 Jahre	18-19 Jahre	20-24 Jahre	24-29 Jahre
Großer Freundeskreis	91,7	92,5	89,8	85,6	84,6
Erfolg im Beruf	73,5	85,2	88,3	92,2	89,1
Selbstverwirklichung	66,8	76,4	79,0	82,0	79,8
Viel Freizeit	93,2	88,6	87,4	82,5	79,3
Leistung	76,9	80,5	85,4	85,8	83,7
Individualität	68,9	75,9	85,1	84,0	80,8

Quelle: Datenzusammenstellung aus der Verbraucheranalyse 2009 Jugend III Märkte – Strukturanalyse.

*   Gefragt wurde nach wichtigen Dingen im Leben. Es wurde eine vierstufige Skala mit folgenden Bewertungen vorgegeben: „besonders wichtig", „wichtig", „weniger wichtig", „überhaupt nicht wichtig". Die Ergebnisse fassen die Nennungen „besonders wichtig" und „wichtig" zusammen; Angaben in Prozent; N=7169.

So nimmt die Bedeutung eines großen Freundeskreises mit zunehmendem Alter ab. In der frühen Jugendphase sind Altersgleiche (Peers) für die Ablösung von den Eltern besonders wichtig. Der Wunsch nach Individualität, der mit der Suche nach einem eigenen Stil und eigenen Überzeugungen einhergeht, geht ebenfalls im jungen Erwachsenenalter wieder zurück. Der berufliche Erfolg und mit ihm das Leistungsdenken ist im späten Jugendalter und für junge Erwachsene am wichtigsten. Es ist die Phase, in der selbstständig die ersten Weichen für die eigene Zukunft gestellt werden müssen. In diesen Zeitraum fällt auch eine Zunahme des Wunsches nach Selbstverwirklichung (vgl. auch Großegger 2003). Folglich rücken die Themen Umwelt und Nachhaltigkeit auf die hinteren Plätze (vgl. u.a. Gensicke 2010, 203). Auch der 10. Studiensurvey (2008) befundet hohe Wertungen der Studierenden für Freundschaft, Familie und Partnerschaft, während das abstrakte Thema „Umwelt" auf weniger Interesse stößt (vgl. Multrus/Bargel/Ramm 2008, 47). Dies war nicht immer so: Während heute vier von zehn der Studenten Natur und Umwelt wichtig bewerten, waren dies 1993 noch sieben von zehn (68 %) (vgl. Bargel 2008, 38).

Insgesamt lässt sich für die Studierenden feststellen, dass sie offensichtlich pragmatischer werden und zugleich ihr öffentliches Engagement, ebenso wie das Interesse für Politik, Kunst und Kultur abnimmt (vgl. Multrus/Bargel/Ramm 2008, 48). Damit gilt für die Studierenden das Gleiche, was wir für die „Jugend von heute" bereits festgestellt haben: Die striktere situationsbezogene Orientierung der jungen Generation, die striktere Ausrichtung auf Machbares bedeutet zwangsläufig eine gewisse Distanzierung von globalen Themen wie Natur und Umwelt.

3.2.2 Wertetypen und Wertedimensionen

Neben Darstellungen von Lebensbereichen und Fähigkeiten oder Eigenschaften, die für die Befragten einen hohen Wert haben, werden in einigen Studien auch Wertetypen bzw. Wertedimensionen gebildet. Über diese lassen sich die Jugendlichen mit ihren

Einstellungen in unterschiedliche Werteräume einteilen, die eine grundsätzliche Wertorientierung anzeigen.

In der *Shell Jugendstudie 2006* wurden hierfür auf Basis der Bereiche Konvention, Kreativität, Materialismus, Hedonismus und Politikengagement vier Wertetypen für Jugendliche im Alter von 12 bis 25 Jahren gebildet (vgl. Gensicke 2006, 186 ff.; 2002, 155 ff.):

- *Pragmatische Idealisten* (26 % der Jugendlichen), deren Leitwerte Kreativität, Engagement und Toleranz sind, verbunden mit einer Wertschätzung von Sicherheit, Gesetz und Ordnung sowie Fleiß und Ehrgeiz.
- *Robuste Materialisten* (22 %), für die Durchsetzungsvermögen, Macht, Lebensstandard und Lebensgenuss eine hohe Rolle spielten. Engagement und Toleranz sind für diese Gruppe nur von geringer Bedeutung, auch Gesetz und Ordnung haben nur einen mittleren Stellenwert.
- *Selbstbewusste Macher* (27 %): Sie stellen eine Kombination aus pragmatischen Idealisten und robusten Materialisten dar. Engagement ist dieser Gruppe fast so wichtig wie den Idealisten, dabei setzt sie aber, wie die Materialisten, auf einen hohen Lebensstandard. Auch sind sie die Gruppe, der Ordnung, Sicherheit und Leistung am wichtigsten ist.
- *Zögerliche Unauffällige* (25 %) zeigen weder zu materialistischen noch zu idealistischen Konzepten einen Bezug.

Die Verteilung der vier Wertetypen erscheint in der Summe sehr gleichmäßig, dieser Eindruck verschwindet jedoch, wenn nach Geschlecht, Bildung und Alter differenziert wird. So lassen sich 30 % der weiblichen Jugendlichen der Gruppe der Idealisten zuordnen (männlich: 21 %), während nur 17 % der Mädchen dem Wertetyp des robusten Materialisten angehören (männlich: 27 %) (vgl. Gensicke 2006, 194). Bei den Machern und zögerlichen Unauffälligen sind die Unterschiede zwischen den Geschlechtern hingegen gering (vgl. ebd.). Der Anteil der pragmatischen Idealisten steigt auch mit zunehmendem Alter und höherer Bildung. Auffällig dabei ist, dass der Anteil an Idealisten bei den Auszubildenden

(27 %) ebenso hoch ist wie bei den Gymnasiasten (26 %) (vgl. ebd.). Unter den Studierenden fällt die Mehrzahl in diese Gruppe (31 %),während unter Hauptschülerinnen und Hauptschüler (18 %) und Realschülerinnen und Realschüler (21 %) die Idealisten die kleinste Gruppe darstellen. Für den Wertetyp der robusten Materialisten zeigt sich eine gegenläufige Tendenz, sowohl in Bezug auf die Verteilung nach Alter wie auch nach Bildung: An den Hauptschulen macht dieser Typ die größte Gruppe aus (34 %), während nur 15 % der Studierenden diese Werthaltung zeigen (Realschüler 27 %, Gymnasiasten 26 %) (vgl. ebd.). Ein Altersvergleich zeigt, dass bei den 12- bis 17-Jährigen 27 % zu den Materialisten zählen, während es bei den 18- bis 24-Jährigen nur noch 19 % sind (vgl. ebd.). Ein Befund, der auch die Verteilung nach Schultypen relativiert – da mit steigender Bildung auch der Altersdurchschnitt der Schüler zunimmt. Für die Gruppe der Macher und Unauffälligen lassen sich keine so größeren Schwankungen nach Bildungstyp und Alter ausmachen. Mit Blick auf das Konsumverhalten der Jugendlichen sind es den Wertetypen nach die Macher und die Materialisten, die durch ihre Orientierung an Lebensstandard und Lebensgenuss mit am stärksten konsumorientiert sind. Gemeinsam machen diese beiden Typen knapp die Hälfte der 12- bis 25-Jährigen aus.

Auch im *DJI-Jugendsurvey* wurden Wertorientierungen erfasst. Anders als in der *Shell Studie* wurde hier mit den Wertebereichen Selbstverwirklichung, Kritikfähigkeit, Pflicht/Akzeptanz, Leistung, Materialismus, Hedonismus und Prosozialität auf ein breiteres Spektrum an Einstellungen Bezug genommen (vgl. Gille 2006, 138 ff.). Die Wertorientierungen wurden für die Altersgruppen der 12- bis 15-Jährigen und der 16- bis 29-Jährigen erfasst (siehe Tab. 5, S. 44 f.).

Tab. 5: *Wertorientierungen nach Geschlecht und Altersgruppen (Mittelwerte)**

Wertebereiche		Altersgruppen			
		12-15 Jahre		16-29 Jahre	
		weibl.	männl.	weibl.	männl.
Selbstverwirk- lichung	eigene Fähigkeiten entwickeln (12-15 J.)	8,4	8,4	8,7	8,7
	eigene Fähigkeiten entfalten (16-29 J.)				
	eigene Ziele verwirklichen (12-15 J.)	8,9	8,7	8,5	8,4
	sich selbst verwirklichen (16-29 J.)				
	unabhängig sein	7,5	7,5	8,4	8,4
Kritikfähigkeit	sich durchsetzen können (12-15 J.)	8,3	8,2	8,1	8,1
	durchsetzungsfähig sein (16-29 J.)				
	sich gegen Bevormundung wehren (16-29 Jahre)	–	–	7,7	7,8
	kritisch sein	6,4	6,2	7,7	7,6
Pflicht/ Akzeptanz	pflichtbewusst sein	7,9	7,6	8,5	8,3
	sich anpassen	6,9	7,1	6,3	6,3
Leistung	etwas leisten	8,4	8,3	8,3	8,4
	ehrgeizig sein	6,6	6,6	7,6	7,8

Wertetyp	Verhaltensweise				
Materialismus	viel Geld verdienen (12-15 J.) ein hohes Einkommen anstreben (16-29 J.)	7,8	8,4	7,4	7,9
	auf Sicherheit bedacht sein	8,0	7,7	8,0	7,7
Hedonismus	viel Spaß haben (12-15 J.) das Leben genießen (16-29 J.)	9,1	9,1	8,5	8,6
	ein aufregendes, spannendes Leben führen	7,8	7,9	6,8	7,2
	tun und lassen, was man will	6,3	6,4	5,8	6,0
Prosozialität	anderen Menschen helfen	9,0	8,5	8,6	8,2
	Rücksicht auf andere nehmen	8,8	8,3	8,4	8,0
	Verantwortung für andere übernehmen	7,4	7,2	7,9	7,5

Quelle: DJI-Jugendsurvey 2003, nach Gille 2006, 138 f.

* Die Frage lautete bei den 12- bis 15-Jährigen: „Wie wichtig sind dir persönlich die folgenden Verhaltensweisen? Benutze bitte die von 1 bis 6 reichende Skala. 1 bedeutet überhaupt nicht wichtig', 6 bedeutet 'sehr wichtig'. Mit den Werten dazwischen kannst du die Wichtigkeit abstufen." „Für die Darstellung in der Tabelle wurde die sechsstufige Skala in eine zehnstufige Skala überführt. Die Frage lautete bei den 16- bis 29-Jährigen: „In jeder Gesellschaft gibt es unterschiedliche Vorstellungen darüber, welche Eigenschaften und Verhaltensweisen von Menschen wünschenswert sind und welche nicht. Bitte sagen Sie mir zu jeder Verhaltensweise auf dieser Liste, wie wichtig es für Sie persönlich ist, so zu sein oder sich so zu verhalten. Benutzen Sie bitte die von 1 bis 10 reichende Skala. 1 bedeutet überhaupt nicht wichtig, 10 bedeutet ,sehr wichtig'. Mit den Werten dazwischen können Sie die Wichtigkeit abstufen."

Aus den abgefragten Wertebereichen ließen sich vier Wertdimensionen[8] bilden (vgl. Gille 2006, 146 f.).

- *Selbstentfaltung*, mit den Eigenschaften: kritisch sein, eigene Fähigkeiten entwickeln bzw. eigene Fähigkeiten entfalten, eigene Ziele verwirklichen bzw. sich selbst verwirklichen, unabhängig sein, sich gegen andere durchsetzen können bzw. durchsetzungsfähig sein.
- *Prosozialität/Verantwortungsbereitschaft*, mit den Eigenschaften: Rücksicht auf andere nehmen, anderen Menschen helfen, Verantwortung für andere übernehmen.
- *Konventionalismus*, mit den Eigenschaften: sich anpassen, auf Sicherheit bedacht sein, etwas leisten.
- *Hedonismus*, mit den Eigenschaften: ein aufregendes, spannendes Leben führen, tun und lassen, was man will, das Leben genießen.

Konsum ist dann besonders für Jugendliche, die der Wertedimension Hedonismus (analog zum Typen des robusten Materialisten) verstärkt anhängen, die einfachste Möglichkeit, sich ihre Wünsche zu erfüllen. Auch hier zeigt sich das Alter als starker Einflussfaktor auf die hedonistische Orientierung, die bei den 12- bis 15-Jährigen weit stärker verbreitet ist als bei den 16- bis 29-Jährigen (vgl. Tab. 6). Und auch Bildungseffekte sind auszumachen: Umso höher die Bildung, umso geringer die hedonistische Ausrichtung (vgl. Gille 2006, 151). Wie bereits bei den pragmatischen Idealisten und den Bewertungen von Partnerschaft und Familie weisen auch bei der inhaltlich ähnlichen prosozialen Orientierung die Mädchen und jungen Frauen höhere Werte auf (vgl. Gille 2006, 147).

Die höheren Werte bei der prosozialen Orientierung der Frauen finden sich dabei sowohl bei Migrantenjugendlichen wie bei einheimischen Jugendlichen. Insgesamt sind die Jugendlichen mit Migrationshintergrund hedonistischer orientiert als die Einheimischen. Diese Differenz bleibt auch bestehen, wenn die

---

8　Der Begriff der Wertedimension (anstelle von Wertetyp) stellt hier heraus, dass es sich bei einer solchen Typenbildung immer um ein vereinfachtes Abbild handelt, so dass Jugendliche die zu einer der folgenden Wertedimensionen tendieren, auch andere Werte jenseits dieser Dimension für gut befinden können (vgl. ebd., 146 ff.; 159 ff.).

Tab. 6: *Wertedimensionen* nach Geschlecht*
und Altersgruppen (in Prozent der Befragten,
die die jeweilige Wertedimension stark anstreben)

	Altersgruppen			
	12-15 Jahre		16-29 Jahre	
Wertedimensionen	weibl.	männl.	weibl.	männl.
Selbstentfaltung	50	47	48	47
Prosozialität	53	43	49	37
Konventionalismus	32	33	31	26
Hedonismus	34	35	21	24

Quelle: *DJI-Jugendsurvey* 2003, nach Gille 2006, 147.

* Die Wertedimensionen wurden jeweils trichonomisiert in folgende Bereiche: 1,0-6,7=niedrig,
6,8-8,5=mittel und 8,6-10=hoch. Hier sind die Werte für die Kategorie „hoch" ausgewiesen.

unterschiedlichen Bildungsqualifikationen von Migranten und Einheimischen berücksichtigt werden.

Die dargestellten Wertetypen werden so oder in ähnlicher Weise oft gebildet, um Zusammenhänge zwischen den Werteinstellungen und dem Umweltverhalten bzw. Umweltbewusstsein herzustellen. Für Jugendliche werden bei solchen Typenbildungen oftmals die beiden gegensätzlichen Pole *Materialisten/Hedonisten* und *Idealisten/Prosoziale/Engagiert* betrachtet (vgl. auch Ibold 2007, 64 ff.; Kuckartz u.a. 2007, 6 ff.; Zubke 2006, 157 f.) (siehe auch Kapitel 5). Die große Gruppe der Jugendlichen, die auf Konsum, Spaß und egoistische Motive besonderen Wert legt, differenziert sich wie gezeigt in hohem Maß nach Geschlecht, Bildung und Alter (vgl. auch Wippermann/Calmbach 2007, 279 ff. und 559 ff.).

3.3 Werte, Konsum und Umwelt

Jugendliche sehen sich in der Gesellschaft, in der sie aufwachsen, aufgehoben. Sie sind skeptisch, was die gesellschaftliche Zukunft betrifft, ihre eigene Zukunft sehen sie tendenziell positiv. Wurden Jugendliche früher als kritisch oder distanziert zur Gesellschaft (null Bock, Technikfeindlichkeit) beschrieben, so sind solche Zuschreibungen weitgehend verschwunden. Der nachwachsenden Generation wird generell ein positiver Wille, sich in die Gesellschaft zu integrieren, unterstellt. Damit ist zumindest ein Großteil der heutigen Jugend auch für notwendige gesellschaftliche Veränderungen hin zu einem nachhaltigeren Lebensstil ansprechbar.

Mit der Betrachtung der Lebensbereiche und Eigenschaften, die Jugendlichen wichtig sind, ist ein übergeordneter Rahmen gegeben, der einen Ausgangspunkt für jugendlichen Konsum darstellt und die Bedingungen für eine Entwicklung hin zu einer nachhaltigeren Gesellschaft mitdefiniert. Mit den für die Jugendlichen und jungen Heranwachsenden wichtigen Lebensbereichen Familie, Freunde und Partnerschaft ist der soziale Hintergrund definiert, der in alle alltäglichen Entscheidungen hineinwirkt bzw. das eigene Konsumverhalten durch gelerntes (Familie) und gemeinsam gelebtes (Freunde) bedingt. Entsprechend ist ein „anders konsumieren" als Familie und Freunde nicht einfach umzusetzen. Wie das soziale Umfeld auf das Konsumverhalten wirkt, wird entsprechend im folgenden Kapitel noch genauer zu beleuchten sein.

Mit den sozialen Bindungen und der ebenfalls hoch gewerteten beruflichen Zukunft zeigen sich die Bereiche als wichtig, die das eigene Leben direkt betreffen. Bereichen, die im Lebensalltag nicht ständig präsent sind, wird im Abgleich dazu weniger Bedeutung zugesprochen. In Bezug auf Umweltthemen ist eine Verschiebung über die letzten 20 bis 30 Jahre auffällig: Umweltthemen scheinen immer unwichtiger für die Jugendlichen zu sein. Möglicherweise ist dies das Ergebnis eines gestiegenen existenziellen Drucks. Während Jugendlichen in den frühen 1980er Jahren mit einem Schulabschluss noch ein sicherer Übergang in die eigene berufliche Zukunft garantiert war, ist dies heute nicht mehr der Fall. Mit der Zunahme des existenziellen Drucks ist der Wertewandel hin zu einer Gesellschaft mit rein postmateriellen Werten[9] (Selbstverwirklichung, Freiheit,

---

9 Nach Inglehart (1989) vollzieht sich in industrialisierten Gesellschaften ein Wandel von materiellen Werthaltungen (Sicherheit, Ordnung, Besitz), da diese ausreichend gesättigt sind, hin zu postmateriellen Werten.

Umweltschutz) seit den frühen 1990er Jahren zum Stillstand gekommen (vgl. Klein/Pötschke 2000, 207; Braun 2009, 466). Dies zeigt sich nicht zuletzt an neuartigen Wertekombinationen, wie sie etwa die oben vorgestellten „selbstbewussten Macher" darstellen. Insofern ist es sinnvoll, sich bei Ansätzen für eine nachhaltige Entwicklung nicht nur auf Bereiche zu konzentrieren, die vor allem idealistisch/postmateriell geprägte Jugendliche ansprechen, sondern sich auch dem kommerzialisierten Jugendalltag zuzuwenden, um nach Ansatzpunkten für ein nachhaltiges Konsumverhalten Ausschau zu halten. Damit wird der Konsum als Ausgangspunkt gesetzt, um von diesem ausgehend auf Umweltrisiken einzugehen und nicht umgekehrt. Die Wertetypen verweisen darauf, dass nicht alle Jugendlichen gleichermaßen konsumorientiert sind. Auch zeigt sich hier bereits, dass verschiedene Einstellungen bei Jugendlichen im Sinne der Nachhaltigkeitsbildung unterschiedliche Formen der Ansprache notwendig machen.

4. Aufwachsen in der Konsumgesellschaft

Konsum spielt im Jugendalltag eine herausgehobene Rolle.
Jugendkultur und Jugendkonsum stehen in einer engen Wechsel-
beziehung. Der Konsum der nachwachsenden Generation spielt
sich in einer ökonomisierten Gesellschaft ab. Die Produktion und
der Konsum von Waren sind selbstverständlich, sind ein sozialer
Sachverhalt, der den Mitgliedern der Gesellschaft vorgegeben ist.
Dieser Aspekt ist Gegenstand des ersten Hauptabschnitts (4.1):
Hier geht es darum, wie auf gesellschaftlicher Ebene Konsum und
seine Grenzen thematisiert werden. Im zweiten Hauptabschnitt
des Kapitels geht es darum, was den Jugendkonsum motiviert, was
das Jugendtypische am Konsum ausmacht und welches Wechselverhältnis zwischen familialem und jugendbezogenem Konsum
besteht. Als spezielle Konsumbereiche wird auf Jugendmobilität
und auf Ernährung Heranwachsender eingegangen.

4.1 Konsum – ein ökonomischer Sachverhalt und eine
soziale Tatsache

Konsum ist etwas Lebensalltägliches, er läuft habitualisiert,
gewohnheitsmäßig ab und erscheint so als eine „nichtnatürliche"
Selbstverständlichkeit. Das heißt, nur in Ausnahmefällen wird
Konsum direkt Gegenstand von Reflexion und damit zu einem
benennbaren Lerngegenstand. Wenn es um Nachhaltigkeit, wenn
es um eine Veränderung von Gewohntem geht, muss es also auch
darum gehen aufzuzeigen, dass die Selbstverständlichkeit des
Konsums zwingend Nebenfolgen produziert.

4.1.1 Konsum sozial und ökonomisch motiviert

Wie Armin Grunwald und Jürgen Kopfmüller (2006, 114) in ihrem Buch zur Nachhaltigkeit ausführen, ist Konsum „als ein umfassender, über den ökonomischen Kaufakt hinausgehender Prozess" zu verstehen. Ob dieser Prozess jedoch wirklich die individuelle Bedürfnisreflexion, die Entwicklung von Kriterien und die Informationsbeschaffung für die Kaufentscheidung einschließt, um den Kauf und die Nutzung der Produkte bis hin zu deren Entsorgung zu bedenken, ist nicht ohne Weiteres anzunehmen. Es geht ja nicht einfach um den Erwerb nützlicher Produkte, sondern auch darum, Angenehmes mit dem Konsum verbinden zu können.

Die Krux einer mangelnden Sensibilität für die Nachhaltigkeit beim Konsum liegt ganz offensichtlich in der Selbstverständlichkeit von Konsum. Diese Selbstverständlichkeit wurde erstmals mit der *Meadows-Studie* (Grenzen des Wachstums 1972) problematisiert. Es wurde aufgezeigt, dass der ungebrochen wachsende Konsum an Grenzen stößt. Dieser Kerngedanke ist in der gesellschaftspolitischen Diskussion um die „Wohlstandsgesellschaft" der 1960er Jahre bereits enthalten. Eng verbunden mit dem Begriff der Wohlstandsgesellschaft ist die Bezeichnung „Überflussgesellschaft" (Galbraith 1958/1982). Überfluss bezieht sich auf die Überschussproduktion von Gütern und den maßlosen Konsum dieser Güter und bedeutet, dass Subjekte letztlich qua Konsum von ihren eigentlichen Zwecken und Bestrebungen abgehalten werden. Die „Konsumgesellschaft" ist ein Produkt der modernen Industriegesellschaft, in der Verbrauchs- und Gebrauchsgüter durch Massenproduktion verbilligt werden. Diese soll, seit Henry Ford, durch die Zuwanderung von Beschäftigten in den Sektor der Produktion die kauffähige Nachfrage sichern. Was die jüngere Diskussion betrifft, so wird von George Ritzer von einer „McDonaldisierung" der Gesellschaft gesprochen (Ritzer 1997). Kennzeichen dieser Entwicklung ist eine weitgehende Rationalisierung und Standardisierung von Prozessen, die sich nun nicht mehr vorrangig auf die Produktion von langlebigen Konsumgütern, sondern auf den Konsum von Service und Dienstleistung beziehen. Bestimmte Produkte des Lebensalltags werden so in „transnationalisierten" Standards rund um den Globus produziert und konsumiert. Den Dienstleistungen kommt gewachsene Bedeutung zu. Diese werden vereinfacht und zum Teil übernehmen die Konsumenten selbst Funktionen, die ehemals Teil der Dienstleistung waren (Onlinebanking). Bei der McDonaldisierung werden also Lebensbereiche rationalisiert, die jenseits der Produktion angesiedelt sind. Es geht um Effizienz, um Berechenbarkeit, um Kontrolle und um Planbarkeit von Abläufen.

4.1.2 Konsum und soziale Ungleichheit

Aus betriebswirtschaftlicher, volkswirtschaftlicher oder soziologischer Perspektive betrachtet, erscheint Konsum als etwas Abstraktes und der Person Vorgegebenes. Erst wenn wir über Nachhaltigkeit nachdenken, kommen die konkreten Personen, deren Dispositionen und Intentionen ins Spiel. Tatsächlich ist es wichtig, sich zu vergegenwärtigen, dass beim Thema Konsum die individuelle konkrete soziale Einbettung miteinbezogen werden muss. Es sind die sozialen Settings, in denen die Subjekte leben, sie formen Konsumpräferenzen bestimmter Gruppierungen (Ältere, Jüngere, Reichere, Stadt-Land-Unterschiede usw.). Ärmere sind vom Konsum nicht ausgeschlossen. Sie konsumieren nur anders, wie es das sogenannte Engel'sche Gesetz beschreibt. Es wurde von dem deutschen Statistiker Ernst Engel (1821-1896) formuliert und besagt, dass Haushalte mit geringem Einkommen größere Anteile ihres Budgets für die unmittelbaren Lebensnotwendigkeiten (Miete, Essen, Kleidung) aufwenden. Das zur Verfügung stehende Geld fließt direkt in den essenziellen Konsum ein, es gibt keinen Spielraum und das Einkommen kann nicht für andere Zwecke gespart werden. Umgekehrt wenden „Reichere" einen kleineren Teil ihres Einkommens für Miete, Essen usw. auf, können also auch Dinge konsumieren, die nicht lebensnotwendig sind. Die Ökonomisierung der lebensnotwendigen Aufwendungen macht sich darin bemerkbar, dass Ärmere sich schlechter ernähren, billige Produkte bevorzugen, mehr vorgefertigte Speisen konsumieren usw.[1]

Wenngleich der Konsum situativ angelegt ist, so ist die Geldverwendung perspektivisch ausgerichtet. Mit anderen Worten: Der Konsum ist in der Regel nicht nur am verfügbaren, sondern maßgeblich am erwarteten Einkommen orientiert; eine Überlegung, die Kern der aktuellen Armutsdebatte sein müsste. Wer Arbeitslosigkeit befürchtet, wird sich schon vor Eintreten des Ereignisses sparsamer verhalten. Dieses Konsummuster antizipiert lebensalltägliche Risiken des Einkommensverlustes (Arbeitslosigkeit, Wegfall von Transferleistungen) und unvorhersehbare Aufwendungen. Alfred Gossen, ein Klassiker der Ökonomie (und Begründer der Grenznutzentheorie), hat ein Modell zum Konsumverhalten entworfen, das das Dilemma der Reichen in den Blick nimmt: Er macht nämlich eine Konkurrenz von Geld und Zeit vorstellig. Konsum ist demnach nicht nur von Geld abhängig, sondern auch von dem vorhandenen Zeitbudget.[2]

4.1.3 Produktion für Konsum

Konsum setzt produzierte Güter, die physischer wie nicht-physischer Art (Dienstleistungen) sein können, voraus. Physische Güter werden in der Regel durch Produktionsprozesse erstellt. Je moderner der Produktionsprozess, desto differenzierter ist er gestaltet. Die Produktionsorte sind vielzählig und scheinen austauschbar. Zudem müssen umfassende Aufwendungen für Transport und Logistik erbracht werden. Dienstleistungen entstehen in

---

1   Ein Beispiel dafür ist der regelmäßige Konsum von Fast Food. Der Film „Supersize me" aus den USA befasst sich mit ebendiesem Thema. Der Protagonist nimmt 30 Tage lang nur Mahlzeiten einer Fast-Food-Kette zu sich und zeigt damit die negativen Folgen eines regelmäßigen Konsums dieser Lebensmittel auf. Darüber hinaus thematisiert der Film, dass gerade Ärmere regelmäßig zu Lebensmitteln dieser Art greifen und somit in besonderem Maße die negativen Folgen dieses Essverhaltens spüren. Auch werden die Werbestrategien der Lebensmittelindustrie kritisiert, die insbesondere Kinder und Jugendliche ansprechen sollen. Siehe auch http://www.spiegel.de/kultur/kino/0,1518,308577,00.html.
2   Vielleicht erklärt dies den Kauf von Kunst, um später öffentliche Einrichtungen, wie Gemeinden und Länder, aufzufordern für diese Sammlungen Ausstellungsräume bereitzustellen.

der Regel während des Konsums (nach dem Uno-actu-Prinzip). Prototypisch sind z.B. die Taxifahrt oder die Beratung durch den Arzt.[3] Aktuell wird der Übergang zur „Self-Service Society" (Selbstbedienungsgesellschaft) diskutiert. Die Eigenleistung der Klienten für die Eingabe von Daten, die Abwicklung von Zahlungsvorgängen nimmt zu, der Rest ist idealerweise automatisiert, was bleibt, ist die Auslieferung der Ware als Dienstleistung im klassischen Sinne, die von einem Logistikunternehmen und nicht mehr vom Händler organisiert wird.

4.1.4 Konsum, Ressourcenverbrauch und Abfall

Güterkonsum schließt gleichermaßen den Verbrauch von Ressourcen und die Produktion von Abfall ein. Dies betrifft nicht nur den Herstellungsprozess, sondern gleichermaßen die Güternutzung. Einerseits wird für die Herstellung immer bearbeitetes und gewonnenes Material eingesetzt, andererseits werden die Produkte selbst nach einer gewissen Nutzungszeit zu Abfall. Je moderner die Produkte, desto größer ist der Verschleiß durch technische Neuerungen. An Gütern des modernen Lebensalltags: HiFi, Kommunikation, PC-Welt, aber auch an den lebensalltäglichen Haushaltshilfen lässt sich das studieren. Bei der Entsorgung von Elektroschrott fallen – neben wiederverwertbaren Materialien – umfassende umweltschädliche Stoffe (z.B. Schwermetalle, PVC) an. Im Zeitalter einer rasanten technischen Entwicklung bietet die Elektroindustrie dem Verbraucher immer leistungsfähigere Geräte an, die zugleich eine immer kürzere Lebensdauer haben und in immer größerer Menge entsorgt werden müssen.[4]

Ungeachtet dessen geht die Produktion von Gütern mit dem Verbrauch von Ressourcen einher. In ihrer Studie „Faktor vier"

---

3   Talcott Parsons (1902-1979) hat für diesen Typus der Dienstleistung übrigens auf die Koproduktion (durch die Patienten) aufmerksam gemacht (vgl. Parsons 1958).

4   Um dieser Entwicklung zu begegnen, hat das Bundesumweltministerium im Jahr 2005 das Elektro- und Elektronikgerätegesetz (ElektroG) verabschiedet, das Hersteller und Verbraucher in die Pflicht nimmt und so zu einer umweltgerechten Entsorgung der Geräte beiträgt (BMU 2006).

haben die Autoren den Begriff des „ökologischen Rucksacks"[5] benutzt, um deutlich zu machen, wie groß die ökologischen Risiken
bei der Produktion sind (von Weizsäcker/Lovins/Lovins 1995).
Heute ist dieser Denkansatz weiter verbreitet und wir wissen z.B.,
dass durch den Konsum einer 500-g-Schale spanischer Erdbeeren
die Erzeugung einer etwa 440-g-Menge CO_2-Belastung erkauft
wird (PCF 2009).

4.1.5 Konsum und Nachhaltigkeit aus ökonomischer Sicht

In ökonomischen Modellen ist heute allerdings Umweltbelastung
bereits als kalkulatorische Größe eingegangen. Wenn die Ökonomie
über den Konsum spricht, so fällt auf, dass hier die Volkswirtschaftslehre anders argumentiert als die Betriebswirtschaftslehre.
In beiden Disziplinen spielt Nachhaltigkeit inzwischen eine Rolle.

Die *Volkswirtschaftslehre* geht von der makroökonomischen
Gleichung $Y = C + S$ aus. Das heißt, das Volkseinkommen (Y) setzt
sich aus Konsum (C) und Sparen (S) zusammen. Die Gliederung
besagt, dass die produzierten Werte konsumiert oder gespart
werden. Nur die Werte, die nicht konsumiert werden, stehen als
gesparte und für die Investition disponible Werte zur Disposition.

Das statistische Bundesamt ergänzt die traditionelle *volkswirt-
schaftliche Gesamtrechnung (VGR)* durch eine *umweltökonomische
Gesamtrechnung (UGR)*. „Sie ist ein Rechenwerk zur Darstellung
der, in der VGR vernachlässigten, ökonomisch-ökologischen Zu-
sammenhänge. Grundinformationen der UGR sind der Aufbau
und Verbrauch von Rohstoffen, die Emission von Schadstoffen und
Abfällen bei Produktion und Verbrauch, die Belastung von Boden,
Wasser und Luft durch Umweltbeeinträchtigungen aller Art und
Aufwendungen zum Umweltschutz der Wirtschaftszweige" (Krol/
Schmid 2002, 428). Nordhaus/Tobin analysierten für die USA

---

5 Der Begriff des „ökologischen Rucksacks" wurde von Friedrich Schmidt-Bleek geprägt.
   Er quantifiziert die Summe aller natürlichen Ressourcen, die bei der Produktion, dem Konsum
   sowie der Entsorgung eines Produkts bzw. der Bereitstellung einer Dienstleistung verbraucht
   werden. Die Kenngröße MIPS (Material-Input pro Serviceeinheit) gibt dabei die Materialin-
   tensität eines Produktes bzw. einer Dienstleistung pro Serviceeinheit an (Schmidt-Bleek 1998).

die Entwicklung des Nettosozialprodukts (1929-1965). Laut ihren Nachforschungen stieg das Pro-Kopf-Nettosozialprodukt in dieser Zeit um rund 90 %, unter Berücksichtigung des Korrekturpostens „Freizeitwert"[6] stieg der Pro-Kopf-Wohlstand nur mehr um rund 40 % (vgl. Majer 1998, 80 ff.).

Mit dieser erweiterten Sicht geht auch eine Ausdehnung des ökonomischen Wachstumskonzepts einher. Das sogenannte qualitative Wachstumskonzept ergänzt klassische, am Sozialprodukt gemessene Konzepte durch eine bewertend-normative Komponente. Nachhaltigkeit und soziale Indikatoren wie Gesundheit, Umwelt, Mobilität, Bildung, Freizeit und Sicherheit werden bei der Wachstumsrechnung berücksichtigt. Die gesellschaftlichen Kennziffern sind dabei Indikatoren für Wohlstand und Lebensqualität. Ökologisch-ökonomische Zusammenhänge (Abbau von Rohstoffen, Folgekosten für den Umweltschutz, Emission von Schadstoffen, Abfällen usw.) integrieren den Faktor der Nachhaltigkeit. Im Gegensatz zu klassischen Konzepten ist das qualitative Wachstum ein nicht eindeutig definierbarer Begriff. Es kann nicht objektiv bewertet werden, da für die ergänzenden Korrekturposten keine Marktpreise und auch keine einheitlichen Verfahren zur monetären Einberechnung existieren (ebd., 428 f.).

Gegenstand *betriebswirtschaftlichen Denkens* ist die rationelle und effiziente Herstellung von Gütern (vgl. Tully 1982). Bestand bis in die 1960er Jahre die betriebswirtschaftliche Effizienz vornehmlich aus der Ausgestaltung der Produktion, so wandelte sich danach die Perspektive: Unter dem Begriff „Marketing" werden heute alle Maßnahmen zum Verkauf und zur Distribution von Gütern zusammengefasst. Der Erfolg von Unternehmen wird darin gesehen, möglichst optimal am Markt ausgerichtet zu sein. Die strikte Orientierung an den Abnehmern (Kundenorientierung) ist direkt an die Beeinflussung der Klienten durch Werbung, Verkaufsförderung und Schaffung von künstlichen Bedürfnissen gebunden. Wegwerfprodukte erweisen sich nun als vorteilhaft, da so konti-

---

6 Freizeitwert = Indikator für Wohlstand und produktive Leistungen privater Haushalte, (Anm. d. Verf.).

nuierlich Verkaufsakte realisiert werden können. Da Nachhaltigkeit
als wachsender Markt gesehen wird, ist sie als absatzförderndes Argument entdeckt. Umweltschonender Ressourcenumgang geht in
die Effizienzüberlegungen ein (vgl. Schierenbeck 2003, 68). Nachhaltige Entwicklung in Unternehmen bedeutet, kostenpflichtige
Vorkehrungen zur Emissions- und Lärmvermeidung, Solartechnik
etc. zu treffen, sie bedeutet aber auch Kostenersparnis und die
Gewinnung neuer Märkte. Das Bewerben der eigenen nachhaltigen
Produktion ist als Marktstrategie zu betrachten, um nachhaltig
orientierte Kunden zu binden oder neu zu gewinnen. Nachhaltige
Produktion ist als „Political Correctness" besonders in Europa ein
Wertigkeitsmerkmal für die Industrie geworden. Die Auseinandersetzung mit nachhaltigem Konsum hat demnach inzwischen in der
Ökonomie Einzug gehalten.[7] Dabei spielt Imagewerbung wie auch
die Vermeidung absehbarer künftiger Aufwendungen (Entsorgung)
eine Rolle (vgl. Hoffmann u.a. 2007; Belz u.a. 2007).

4.2 Konsum und Jugendalltag

Jugendliche sind heute weniger von den Stil der Familie abhängig.
Sie suchen ihren eigenen Stil und damit die Ablösung von den
Eltern. Zugleich sind sie finanziell immer länger von den Eltern
oder von staatlichen Transferleistungen abhängig. Dies liegt vor
allem an der Verlängerung der Bildungsphase. Zugleich nehmen
sie auch ohne regelmäßiges eigenes Einkommen selbstbestimmt
am Konsum teil.

4.2.1 Jugendliche als selbstständige Konsumenten

Betrachten wir die Nachkriegsentwicklung, zeigt sich in Verbindung mit der Verlängerung der Bildungsphase eine Jugendphase,
die sich immer weiter ausdehnt, d.h., die Verselbstständigung
und die reguläre Beschäftigung mit eigenem Einkommen werden
biografisch aufgeschoben (Tully/Wahler 1983, 372 ff.). Gerade

---

7   Vgl. dazu das Forschungsprojekt WENKE: Wege zum nachhaltigen Konsum. Nähere Informationen unter www.wenke2.de.

die Verlängerung der Jugendphase wird in jugendkultureller Ausdifferenzierung unter anderem über den Gebrauch von Symbolen
und Objekten sichtbar. Die jugendkulturelle Verselbstständigung
zeigt sich über Musik, Kleidung und Stilmuster. Deshalb geben
Jugendliche ihr Geld für Musik und ihre optische Erscheinung
(Mode, Schmuck, Kosmetik etc.) aus. Sie verbringen ihre Freizeit
an jugendtypischen Orten (Schnellrestaurants, Eventlocations,
Discos etc.). Sie konsumieren Softdrinks, Alkopops, Zigaretten
und teilweise illegale Drogen. Vor allem aber wenden sie bis zu
50 % ihres Taschengelds für Kommunikation im weitesten Sinne
auf (Handy, Downloads, Spiele, Internet, Skype, PC etc.). Jugendliche müssen ökonomische Selbstständigkeit und gesellschaftliche
Selbstständigkeit gleichermaßen praktizieren. Dabei fällt auf:
Was früher in Form von Regeln und Vorschriften gefasst war
(z.B. ‚was man tut‘, was als ‚passend‘ und ‚unpassend‘ gilt), ist
heute an den Markt delegiert. Im Konsum zeigt sich, ob die Person
‚in‘ oder ‚out‘ ist und ob sie Kenntnis davon hat, was als ‚no go‘,
als „geht gar nicht“, gilt. Jugendkultur und Jugendkonsum sind
so untrennbar verwoben.

Bis in die 1960er Jahre sind es noch einzelne Objekte, die
von Jugendlichen gekauft werden (Kofferradio, Fahrrad) und
zum Jugendalltag gehören. Erst in den Nach-68ern macht
sich so etwas wie eine jugendtypische Kleidung in der Öffentlichkeit bemerkbar. In den 1980er Jahren existiert bereits ein
komplettes Set jugendkultureller Objekte (Walkman, Schuhe,
Markenklamotten etc.). Dieser Trend hin zu Markenprodukten
scheint inzwischen ein wenig durchbrochen. Allerdings ist die
Kommerzialisierung des Jugendalltags, die bereits Dieter Baacke
(1999, 10 ff.) diagnostiziert hat, ungebrochen. Inzwischen ist es
bspw. so, dass rund 90 % der Jugendlichen ihre Verabredungen
unter Einsatz des Handys organisieren. Damit ist ein zentrales
Handlungsfeld des Jugendalltags, nämlich sich zu verabreden
und sich auszutauschen, ‚geldpflichtig‘ geworden.

Peers – was ‚in‘ ist

Gesellschaftlich wahrnehmbar wird diese verlängerte Jugendphase dadurch, dass Jugendliche länger mit Gleichaltrigen (Peers) zusammen sind. Der Freundeskreis (Peer), in dem sich die Jugendlichen bewegen, ist einer der wichtigsten Sozialisationsfaktoren im Jugendalter. Es kommt zu einer stärkeren Abgrenzung der Jüngeren gegenüber den Älteren und es entsteht zudem das Bedürfnis nach einer stärkeren Binnendifferenzierung unter den Jugendlichen selbst. Die ungeordnete Welt wird sortiert, indem Abgrenzungen und eigene Positionierungen entwickelt werden. Sein wie die Anderen, richtig sein, anders sein, anerkannt werden: all dies ist wichtig und muss als Lebensprojekt verfolgt werden. Die Jugendlichen spiegeln sich in ihren Peers. Sie sehen, was „richtiger" Geschmack ist, was „trendige Klamotten", was „coole Drinks" sind und was nicht. Welche Musik angesagt ist, erfahren sie exklusiv bei den Altersgenossen.

Aufwachsen bedeutet einen eigenen Stil zu finden, um sich von der Welt der Eltern, aber auch von den Stilen der anderen Jugendlichen abzugrenzen. Es sind die gravierenden Veränderungen in der eigenen Biografie und im Verhältnis zu den Anderen, die ein hohes Maß an Irritation mit sich bringen. Vieles muss neu justiert werden. Die Mehrzahl der damit aufkommenden Fragen verhandeln Jugendliche exklusiv mit ihren Peers, denn nur diese durchleben eine vergleichbare Situation. Entsprechend sind Unternehmungen mit Freunden eine der häufigsten Freizeitbeschäftigungen bei Jugendlichen, während die Unternehmungen mit der Familie mit steigendem Alter abnehmen (JIM 2010,10). Bei den 10- bis 20-Jährigen steht bei den gemeinsamen Unternehmungen mit den Freunden *einfach reden, sich unterhalten* im Vordergrund, wobei dies bei den Mädchen ca. vier von fünf angeben, während es bei den Jungen nur ca. drei von fünf sind (vgl. Bravo 2007a, 26). Bei den Mädchen folgt an zweiter Stelle *shoppen gehen* und an dritter Stelle *einfach draußen abhängen*. Bei den Jungen taucht das *Shoppen* erst an fünfter Stelle auf, im Gegenzug ist ihnen das gemeinsame *draußen abhängen* wichtiger als den Mädchen.

Shoppen ist somit vor allem eine Freizeitbeschäftigung der Mädchen. Weiter geben die 10- bis 20-Jährigen an gemeinsam Musik zu hören, DVDs zu gucken, ins Kino zu gehen und zusammen im Internet zu surfen (vgl. ebd.). Der großen Altersbandbreite der Befragten entsprechend geht nur ein kleinerer Anteil, um die 25 %, gemeinsam in Discos und Kneipen. Einen starken Unterschied zwischen Mädchen (ca. 20 %) und Jungen (ca. 30 %) gibt es bei der Nennung *zusammen Sport treiben* (vgl. ebd.). Viele dieser gemeinsamen Aktivitäten zeigen klar an, dass sie zu Konsum führen, aber auch Unverfängliches wie *draußen abhängen* kann Besuche in Fast-Food-Restaurants beinhalten. Ausschlaggebend dafür, was gekauft wird, ist dabei immer die Peergroup.

Jugendkulturen – Konsumkulturen

Die Freunde wissen, was „in" ist, sie hören die gleiche Musik und gehen den gleichen Freizeitbeschäftigungen nach. „In" sein ist wichtig und die Kleidung trägt einen entscheidenden Teil dazu bei. Mit Kleidung können sich Jugendliche selbst stilisieren, sie inszenieren sich, heben sich von dem ab, was sonst so getragen wird (vgl. Baacke 1999, 206 ff.; Böhnisch 1996, 239; vgl. Ferchhoff 2000, 32). So geben 92 % der 12- bis 25-Jährigen an, dass unter Jugendlichen „toll aussehen" wichtig ist, 79 % sagen dies auch über „Markenkleidung tragen" (vgl. Gensicke 2006, 173).

Dabei werden aber auch subkulturelle Kleidungsstile ausdifferenziert (vgl. u.a. Baacke 1999, 110 ff.). Hierbei ist beides möglich, modische Vorlieben ausleben oder sich offenkundig keinem Trend, keiner Szene anschließen (vgl. Rohlfs 2006). Auch mit Massenware kann sich jemand selbst stilisieren. Das Handy, ein Objekt, das fast alle Jugendlichen besitzen, ist häufig Ausdruck für die Individualität der Person. Die Art der SMS, die Form und Farbe der Handyhülle, das benutzte Modell, die mit dem Handy gemachten Fotos – all das sind Mittel, um etwas über sich selbst mitzuteilen. Solche feinsinnigen Abgrenzungen können nur von Personen interpretiert werden, die die eigene und andere Szenen als Konsumgemeinschaften wahrnehmen: „Jugendkulturen sind stets

Konsumkulturen. Sie wollen nicht die gleichen Produkte konsumieren wie der Rest der Welt, sondern sich gerade durch die Art
und Weise ihres Konsums von dieser absetzen; doch der Konsum
vor allem von Musik, Mode, Events ist zentrales Definitions- und
Identifikationsmerkmal von Jugendkulturen. Wo Jugendkulturen
sind, ist die Industrie nicht fern" (vgl. Farin 2008, 57). Erst in
einem ökonomisierten Jugendalltag sind Konsumobjekte wichtig,
um die eigene Person auszustatten und zu stylen. Das heißt auch,
dass soziale Teilhabe (Inklusion) über den Konsum – und damit
oft nebenher und nicht sichtbar – erfolgt.

Jugendkulturen sind Gegenkulturen zur Abgrenzung gegenüber
den Eltern, aber auch gegenüber anderen Jugendlichen (vgl. auch
Schäfers/Scherr 2005, 139, 142 f.). Dabei konzentrieren sich gerade
Jugendliche beim Konsumieren auf Neues. Sie wissen, welche
Produkte „in" und „out" sind. Moden unterliegen einem schnellen
Wandel, da Neues sich dadurch auszeichnet, dass es alt wird und
anderen Neuheiten Platz macht (vgl. Esposito 2004, 16, 97 f.).

Technik – neu und modern

Technik ist für die Jugendlichen trendig: 80 % der 12- bis
25-Jährigen geben an, dass Technik bei Jugendlichen „in" ist
(vgl. Gensicke 2006, 172). Das wundert nicht, denn wer nicht
per Handy und Internet Kontakt halten kann, fällt aus vielen
sozialen Bezügen heraus (vgl. Tully 2004a, 153 ff.). Darüber
hinaus stellen technische Geräte, wie ein schickes Handy oder ein
Notebook, oftmals Produkte dar, mit denen man sich schmücken
und Gruppenzugehörigkeit ausdrücken kann.

Dem Trend zur Mediennutzung gehen insbesondere die *JIM-
Studien* (Jugend, Information, (Multi-)Media) nach. Trotz der
neuen Medien steht der Fernseher bei beiden Geschlechtern hoch
im Kurs: 89 % der Mädchen und 87 % der Jungen geben an, täglich oder mehrmals wöchentlich fernzusehen (vgl. JIM 2010, 12).
Fast genauso häufig werden der Computer, das Handy und das
Internet genannt und bei den Jungen hat das Internet den Fernseher
2009 zum ersten Mal leicht überholt (89 %)(vgl. JIM 2010, 12).

Bei der Computer- und Internetnutzung sind die Jungen etwas stärker vertreten, während das Handy eher das Medium der Mädchen (93 % bei den Mädchen, 88 % bei den Jungen) ist (vgl. ebd., 12). Die Kommunikation per Internet und Handy ist für die Jugendlichen Normalität. Ohne Zugang zu diesen Medien würden sie aus ihrem Freundesnetzwerk herausfallen, zumindest aber nicht mehr so stark integriert sein wie ihre Altersgenossen (vgl. Tully/Zerle 2006).

Die Medien Mp3, Radio und Musik-CDs/Kassetten mit Nennungen von jeweils mindestens 60 % zeigen in der Zusammenschau, dass Musik im Jugendalltag einen hohen Stellenwert einnimmt. Auch Lesen (Zeitung, Bücher, Zeitschriften/Magazine) wird weiterhin häufig als Freizeitbeschäftigung angegeben, wenn auch im Vergleich zu den elektronischen Medien nur etwa halb so oft genannt (vgl. ebd.). Das Lesen von Büchern zeigt sich in der *JIM-Studie* eher als Freizeitbeschäftigung der Mädchen (52 % zu 29 % bei den Jungen, JIM 2009, 17; 48 % zu 28 %; JIM 2010, 12), während Computer- und Konsolenspiele (Jungen: 55 %, Mädchen: 14 %) überwiegend von den Jungen genutzt werden (vgl. ebd.; vgl. auch Tully 2004a). Auch das Ansehen von DVDs und Videos ist eher eine Freizeitbeschäftigung der Jungen (36 % zu 25 % der Mädchen) (vgl. ebd. 2010).

Freizeitverhalten

Jugendliche sind im Vergleich zu anderen Altersgruppen diejenige mit dem aktivsten Freizeitverhalten (Mischke 2009, 31 f.). Die Reihung der Freizeitaktivitäten, die die Jugendlichen am häufigsten angeben, unterscheidet sich von Studie zu Studie leicht, aber es sind immer die gleichen Aktivitätsbereiche, die ganz oben stehen: das Treffen von Freunden, der Sport sowie Medien und Medieninhalte, wobei hier Musik eine Sonderstellung einnimmt (siehe u.a. Linssen u.a. 2002, 78; Langness u.a. 2006, 79; Wahler u.a. 2008, 239; JIM 2007, 6; JIM 2008, 6 f.; Bravo 2007a; 2007b, 17; Bravo 2009, 7).

Von den Aktivitäten, die die *Shell Studie 2006* den 12- bis

25-Jährigen vorgelegt hat, wurde *Musik hören* mit 63 % als häufigste wöchentliche Freizeitbeschäftigung genannt (vgl. Langness
u.a. 2006, 78). Diese Platzierung erklärt sich durch die oben
angeführte Bedeutung der Musik als verbindendes Element von
Jugendkulturen (vgl. Baacke 1999, 51 ff.; Tully 2004b, 171;
Preiß 2004, 131 ff.) und bestimmt hiermit auch mehr als nur
den Kauf spezifischer Musiktitel. Auffällig wird 2010 von einer
gewachsenen Bedeutung des Internet berichtet. Das Surfen im
Internet wird zur häufigsten Freizeitbeschäftigung.

Auch Shoppen wird von 18 % der 12- bis 25-Jährigen als Freizeitbeschäftigung genannt (Langness u.a. 2006, 78). Die 12- bis
19-Jährigen geben den Einkaufsbummel[8] seltener an: 15 % der
Mädchen und 5 % der Jungen sprechen von einer Freizeitaktivität,
der sie täglich bzw. mehrmals die Woche nachgehen (vgl. JIM
2009, 9).Die Häufigkeit, mit der die 12- bis 19-Jährigen den *Einkaufsbummel* als Freizeitbeschäftigung nennen, fällt für Mädchen
und Jungen seit 1998 kontinuierlich (vgl. Tab. 7, siehe S. 66).

Zu beachten ist, dass die Unterschiede zwischen Jungen und
Mädchen hier auf unterschiedliches Einkaufsverhalten hinweisen,
aber keine Auskunft dazu liefern, wer nun mehr oder weniger
einkauft. Die Abnahme der Nennungen über die letzten zehn
Jahre kann ein Ergebnis des zunehmenden Zugangs zum Internet
sein: Vermutlich ersetzten das Surfen im Internet und das Recher-
chieren auf den Anbieterseiten bereits ansatzweise das Bummeln
durch die Geschäfte (vgl. Leven u.a. 2010, 105).

4.2.2 Konsum der Familie

Die nachstehenden Ausführungen thematisieren den Konsum
auf der Ebene des Haushalts, bezogen auf ein Paar mit Kindern.
Die durchschnittlichen Haushaltsaufwendungen in der Herkunftsfamilie, deren Aufteilung in existenzielle Ausgaben und
in Luxusausgaben, prägen somit die Konsumerfahrungen der
Jugendlichen. Wie die Angaben des Statistischen Bundesamts

---

8   Während die *Shell Studien* den bereits gängigen Begriff „Shoppen" abfragen, wird in den
     JIM-Studien nach dem „Einkaufsbummel" gefragt.

Abb. 5: Häufigste Freizeitbeschäftigungen im Laufe einer Woche (Mehrfachnennungen)

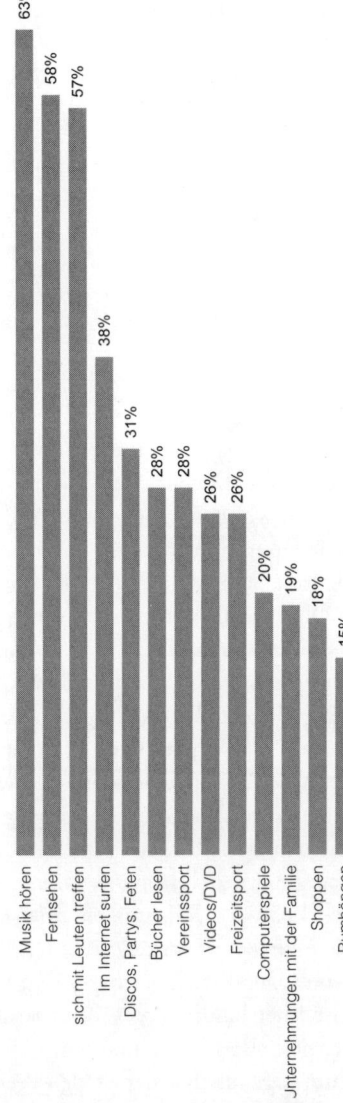

Quelle: Langness u.a. 2006, 78; Jugendliche im Alter von 12 bis 25 Jahren; Angaben in %; die Shell Studien fragen nach den fünf häufigsten Freizeitbeschäftigungen in einer Woche: „Was machen Sie üblicherweise in ihrer Freizeit? Bitte nennen Sie mir von dieser Liste die Aktivitäten, die Sie im Wochenverlauf am häufigsten ausführen. Sie können bis zu fünf Freizeitaktivitäten nennen."

Tab. 7: Einkaufsbummel als Freizeitbeschäftigung bei den 12-bis 19-Jährigen (in Prozent)

	1998	2002	2004	2006	2008	2009
Mädchen	26	19	19	15	15	15
Jungen	10	10	9	7	7	5

Quelle: Eigene Zusammenstellung aus den JIM-Studien 1998, 2002, 2004, 2006, 2008, 2009. Für 2000 liegen keine Daten vor. Gefragt wurde nach Freizeitaktivitäten, die täglich/mehrmals pro Woche unternommen werden.

zeigen, machen Ernährung und Energie/Mobilität die wichtigsten Positionen im familialen Budget aus (siehe Abb. 6).

Der größte Anteil der Haushaltsaufwendungen im Durchschnittshaushalt (52 %) entfällt auf die Deckung der Grundbedürfnisse: Ernährung, Bekleidung und Wohnen. Eine genauere Aufschlüsselung der einzelnen Komponenten ergibt, dass für Wohnen, Energie und Wohnungsinstandhaltung knapp ein Drittel des Budgets (31 %) aufgewendet wird. Die Ausgabenanteile für Verkehr liegen bei 16 %, für Nahrungsmittel, Getränke und Tabakwaren bei 16 %. 11 % der Konsumausgaben entfallen auf Freizeit, Unterhaltung und Kultur. Deutlich geringer fallen die Ausgaben für Bekleidung und Schuhe (5 %) und Gesundheitspflege (3 %) aus.

In den Haushalten sind es insbesondere das Wohnen, der Verkehr und die Nahrungsmittel, die bei der Erzeugung der Produkte bzw. der Bereitstellung der Leistung einen hohen Aufwand an Material und Energie mit sich bringen. Damit sind es diese Bereiche, in denen nachhaltiges Konsumieren einen hohen Effekt erzielen kann (vgl. Spangenberg/Lorek 2001, 26). Ernährung und Mobilität können von Jugendlichen leichter beeinflusst werden, die Wohnsituation ist ihnen häufig vorgegeben, weshalb wir diese beiden Bereiche noch gesondert betrachten (vgl. 4.2.4 und 4.2.5). Obgleich der Konsum Jugendlicher sich an den Peers orientiert, setzt er sich nicht gänzlich vom elterlichen Konsum ab: Das

Abb. 6: Private Konsumausgaben von Paaren mit Kind(ern)¹
2007

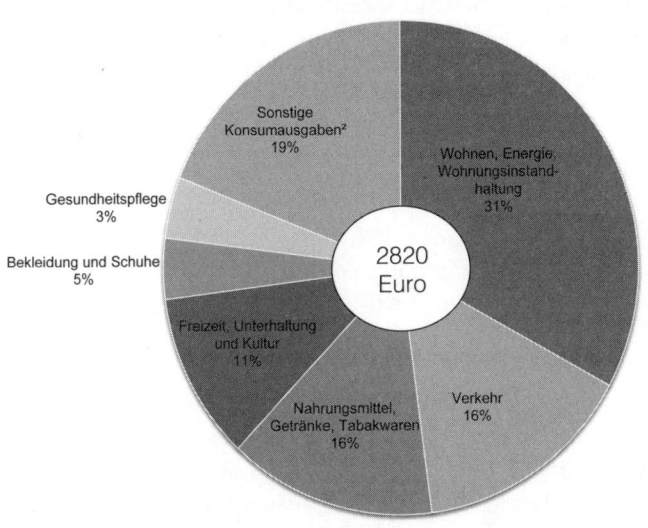

1 Ergebnis der laufenden Wirtschaftsrechnungen privater Haushalte von Paaren mit Kind(ern) (Ledige(s) Kind(er) unter 18 Jahren der Haupteinkommensbezieher/-innen oder der Ehe- bzw. Lebenspartner/-innen). Ohne Haushalte von Selbständigen und Landwirten/-wirtinnen und ohne Haushalte mit einem monatlichen Haushaltsnettoeinkommen von 18 000 Euro und mehr.
2 Innenausstattung, Haushaltsgeräte und -gegenstände, Beherbergungs- und Gaststättendienstleis-tungen, andere Waren und Dienstleistungen, Nachrichtenübermittlung sowie Bildungswesen.

Quelle: Statistisches Jahrbuch 2009, 553.

Elternhaus hat auch weiterhin Einfluss auf das Kaufverhalten der Jugendlichen (vgl. Cotte/Wood 2004; Epp/Price 2008) und sei es auch nur über die Schichtzugehörigkeit, die in den Konsumgewohnheiten der Jugendlichen wiederzuerkennen ist (vgl. Bourdieu 1987). Umgekehrt beeinflussen Jugendliche den Konsum der Eltern, so sind z.B. Haushalte mit Kindern und Jugendlichen besser mit neuer Technologie ausgestattet (vgl. Statistisches Bundesamt 2008, 366).

Konsum kann, im Anschluss an das Konzept vom heimlichen Lehrplan[9], als heimliches und hintergründiges Sozialisationsprojekt des Aufwachsens betrachtet werden. Kinder erleben den Konsum – als Geldverwendung für Einkäufe – von Beginn an mit und verfügen mit der Einschulung zumeist auch über das erste Taschengeld (vgl. Tully 2004c; Tully/Wahler 1994; Oelkers 2007; Feil 2003; Lange 2004, 25 f.). Durch Teilhabe am elterlichen Konsum und eigene Konsumhandlungen sind Heranwachsende früh und umfassend in die Gesellschaft des Konsums eingebunden. Allerdings kommt als Besonderheit hinzu, dass Kinder und Jugendliche die Verbindung von Arbeit und Geld meist nur bruchstückhaft nachvollziehen, da ihnen fundamentale Kenntnisse über den Wirtschaftskreislauf fehlen (vgl. Unverzagt/Hurrelmann, 169 f.; Feil 2003, 240 f.). Das Bindeglied zur Marktwirtschaft ist der Konsum, da es auf dessen Unterstützung zur Ausbildung der eigenen Identität ankommt (vgl. Böhnisch 1996, 285 f.).

In der Familie beraten sie bevorzugt bei größeren Anschaffungen, sie beschaffen Informationen, stellen Preisvergleiche an usw. Ganz so können sie u.a. Vorschläge zum bewussten Umgang mit Energie einbringen. Bei den Konsumentscheidungen im engeren sozialen Kontext hat die Bedeutung der kollektiven Entscheidungsfindung, vor allem seit der ‚Demokratisierung der Haushalte‘ in den sechziger Jahren, zugenommen (vgl. Jäckel 2006, 166). Es ist generell schwer, Kaufentscheidungen innerhalb von Familien zu untersuchen, da

- Familien intime soziale Gruppen sind, deren Entscheidungen „interpersonal" erfolgen und durch gemeinsame Erfahrungen beeinflusst werden, die unsichtbar bleiben;
- an einer Kaufentscheidung mehrere Personen beteiligt sind und die Kaufentscheidungen oftmals auch nicht unabhängig voneinander sind;
- die Entscheidungen je nach Produkttyp stark differieren können;

---

9   Der Ausdruck „heimlicher Lehrplan" geht auf die Übersetzung des in den späten 1960er Jahren geprägten Begriffs „hidden curriculum" zurück.

• sich die Strukturen der Familien hinsichtlich der Egalisierungstendenzen unterscheiden (vgl. Jäckel 2006, 167).

Diese Schwierigkeiten zeigen sich auch in den Forschungen zur familiären Konsumsozialisation, so übernehmen Jugendliche Konsumpräferenzen aus der Familie, andere lehnen das Einkaufsverhalten der Eltern strikt ab. Teils werden mit dem Auszug von zu Hause neue Konsumstile entwickelt, teils wird beim Einkauf auf Marken, die im Elternhaus bedeutsam waren, zurückgegriffen (vgl. hierzu Moore/Wilkie 2005). Jugendliche bewegen sich in ihren unterschiedlichen Alltagsbezügen (Familie, Peers, Schule, Ausbildung oder Arbeit) in verschiedenen Konsumwelten: Die Mutter kauft anders ein als die Freunde und das Outfit der Lehrer bzw. das Essen in der Schule sind noch einmal anders (vgl. Ahava/Palojoki 2004, 375). Von daher bietet es sich an, die verschiedenen Einflussfaktoren auf den Konsum und deren Wechselwirkungen in einer Gesamtschau in den Blick zu nehmen.

4.2.3 Entwicklungs- und Einflussmodell für den Konsum Jugendlicher

Der Konsum dient den Jugendlichen vor allem dazu, Bedürfnisse zu befriedigen, sich soziale Anerkennung zu verschaffen, sich „einzuschreiben" und selbst zu verwirklichen (Langness et al. 2006, 77 ff.). Teile des jugendlichen Konsums lassen sich daran anschließend als demonstrativer Konsum bzw. kompensatorischer Konsum beschreiben (Lange 1997 für Jugendliche; sonst Veblen 1993, 29 ff.). Dabei geht es um Zuneigung und soziale Anerkennung durch den Besitz materieller Güter: Der eigene Status bei Freunden und in der Familie soll verbessert werden (vgl. Lange 2004). Kompensatorischer Konsum hingegen soll Defizite ausgleichen, die aus dem Versagen in anderen Bereichen entstanden sind.

Konsumarten (vgl. Lange 2004):

• Als rationaler Konsum gilt ein Einkaufsverhalten, das die Bedürfnisse an Gütern und Dienstleistungen mit minimalem

Einsatz von Geld erfüllt. Ein Vorgehen, das einer großen Menge an Information bedarf. Gut 70 % aller Jugendlichen zeigen ein solches Einkaufsverhalten.

- Demonstrativer Konsum zielt darauf ab, Liebe, Zuneigung und soziale Anerkennung durch die erworbenen Gegenstände zu erlangen. Es sind knapp 30 % der Jugendlichen, die auch Gegenstände kaufen, um andere zu beeindrucken.

- Kompensatorischer Konsum beschreibt Kaufhandlungen, die als Frust- und Stressbewältigung dienen. Das Kaufen selbst ist die Befriedigung. Knapp 15 % der Jugendlichen kaufen auch zur Kompensation ein.

Die Konsumpräferenzen von Jugendlichen entstehen in einem Setting unterschiedlicher Bezüge wie Familie, Peers, Medien und Werbung. Kinder und Jugendliche bilden eigene Präferenzen aus, die vom eigenen Geschmack wie von ihrer unmittelbaren Umwelt geprägt sind. Eingebettet in ihr Umfeld kommunizieren sie ihre Konsumpräferenzen und machen diese in ihren Aktivitäten sichtbar (z.B. durch einen individuellen Kleidungsstil oder die Nutzung neuester Mobiltelefone und Musikgeräte wie Mp3-Player). Jugendliche grenzen sich von den elterlichen Stilen ab, die sie seit der Kindheit geprägt hab en. Als Bestandteil der eigenen Identität wenden sie sich dem von der aktuellen Jugendkultur geprägten Konsum zu. Sie lernen einen eigenen Konsumstil zu entwickeln, der künftig zum Tragen kommt. Die Abhängigkeit der Konsumpräferenzen verschiebt sich zunächst von der Familie in Richtung Medien und Peers, um sukzessive stärker eigene Vorlieben auszudifferenzieren (vgl. Abb. 7). Generell nimmt der Einfluss der Eltern auf die Konsumentscheidungen im Vergleich zu früheren Jahren deutlich ab. Heute ist das Konsumverhalten der Jugendlichen stark durch die Medien beeinflusst. Durch die Präsentation von Produkten schaffen sie spezifische Teilmärkte und nehmen Einfluss auf die Kaufentscheidungen der Heranwachsenden (vgl. Gnielczyk 2005; Tully 2004a). Mit zunehmendem Alter gewinnen auch finanzielle Zukunftsplanungen zu ungunsten des gegenwärtigen Konsums an Gewicht.

Abb. 7: Entwicklungsmodell jugendlichen Konsums

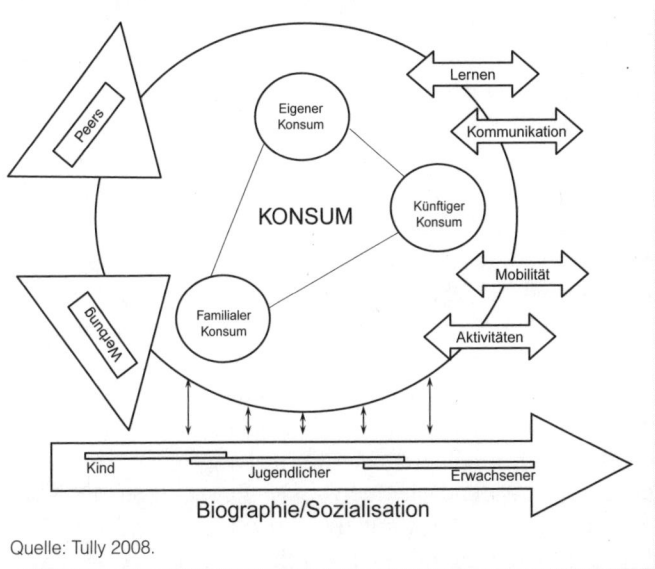

Quelle: Tully 2008.

Die Freunde (Peers) beeinflussen die Kaufentscheidungen und den Konsum. Die finanziellen Mittel für ihren Konsum bessert ein Drittel aller Jugendlichen ab der 9. Jahrgangsstufe durch einen Nebenjob auf. Dieser Befund kann sich auf PISA-Daten, auf *Shell Studien*, auf die *U-Move-Studie* und auf die Erkenntnisse von „Jugendliche in neuen Lernwelten" (vgl. Tully 2008) stützen. Jugendliche bewegen sich zunehmend in den Parallelwelten der Ausbildung und des Nebenjobs, „Bildung und Beschäftigung koexistieren" (Tully 2004d, 414). Die Jugendlichen sehen den Job jedoch nicht nur als Geldquelle, sondern als Chance des Kompetenzerwerbs in der Erwachsenenwelt. Der Nebenjob kann der zukünftige Arbeitsplatz werden und ermöglicht vor allem eigenes Budget im „Jetzt" der Jugendlichen. „Jobs sind der ‚Schlüssel zur Konsumwelt' und bedeuten ‚Anerkennung

in der Erwachsenenwelt', „Selbstbestimmung, Spaß und Geld'"
(Tully 2004c, 418). Der selbst finanzierte Konsum spielt für die
Identität des Jugendlichen eine wichtige Rolle.

Was die individuellen Konsumbedingungen (vgl. Lange 1997,
73 ff.) betrifft, so sind sechs Dimensionen zu unterscheiden:

1. Individuelle Präferenzen (Nutzen-Kosten-Argumente): direkte,
   mit dem Kauf bzw. der Nutzung bestimmter Güter verbundene
   und zu erwartende Nutzenkonsequenzen, z.B. individuelles
   Gefallen;
2. Individuelle Restriktionen: v.a. die beim Kauf zu beachtenden
   Preise und die Höhe des zur Verfügung stehenden Einkommens;
3. Allgemeine Konsumeinstellungen: situationsübergreifend
   angelegte Einstellungen und Orientierungen, die in konkreten
   Kaufsituationen handlungsleitend sind;
4. Allgemeine persönliche Werthaltungen und Lebensstile;
5. Allgemeine gesellschaftliche Werthaltungen;
6. Geschlechts- und altersspezifische Einstellungen und Ver-
   haltensmuster, die normativ-kulturell in Geschlechts- und
   Altersrollen verfestigt sind und demnach typische Konsumgewohnheiten erwarten lassen.

Hinzu kommen strukturelle Unterschiede wie Stadt/Land oder
regionale Eigenheiten, sie beeinflussen Konsumentscheidungen.
Jugendliche vom Land bewältigen längere Pendelwege zu Frei-
zeitstätten und für die Ausbildung, sie geben mehr Geld für
Wegebewältigung aus usw. Auch Werthaltungen (vgl. Kapitel 3),
Geschlecht, Migrationshintergrund (Bei Jugendlichen mit
Migrationshintergrund zeigen unsere Gruppengespräche zum
Beispiel, dass muslimisch aufwachsende Jugendliche, die nur halal
geschlachtetes Fleisch essen, immun gegenüber Burger-Restaurants
sind.) und Bildung beeinflussen das Konsumverhalten.

Abbildung 8 ergänzt das Entwicklungsmodell um diese Einflussfaktoren auf den Konsum und betrachtet auch die Rückwirkungen des jugendlichen Konsums auf Familie und Umfeld.
Dabei werden strukturelle Einflüsse, individuelle Präferenzen
und Konsumbereiche aufeinander bezogen.

Abb. 8: Direkte und indirekte Beeinflussung des Konsumverhaltens durch/von Jugendliche(n)

Strukturelle Einflüsse auf den Konsum	Einfluss nach Mittelherkunft und Konsumbereich			
	Konsum auf Basis des eigenen Budgets (Taschengeld, Job)	Familialer/(Elterlicher) Konsum		Konsummuster im Umfeld der Jugendlichen
		Einfluss auf den familialen Konsum	Konsum finanziert mit familialem Budget	
• Bildung (Jugendliche/ Eltern) • Einkommen der Eltern • Stadt/Land • Migrationshintergrund • Geschlecht	• Outfit • Handy • Kino/Disco • Alkohol/ Zigaretten	• Internet, TFT, Computer • Einrichtung Techn. Geräte • Langlebige Konsumgüter • Energieverbrauch	• Ernährung (Vegetarisch, Bio) • Wohnung • Kleidung • Mobilität • Medien (TV)	• Partner • Peer • Schule • Sport/Verein • Job • freiwilliges Engagement

Quelle: Tully.

Jugendliche bestimmen so nicht nur mittels eigenen Taschengeldes ihren persönlichen Konsum. Darüber hinaus nehmen sie auch Einfluss auf den Konsum in der Familie und den Konsum in ihrem Lebensumfeld. Auch in weiteren Handlungsfeldern (Schule, Job, freiwilliges Engagement, im Verein usw.) können Jugendliche auf den Konsum anderer einwirken.

Beide Schaubilder (Abb. 7 und 8) zeigen Konsum als ein komplexes System von Einflussfaktoren, die sich teils gegenseitig bedingen und auch Rückwirkungen unterliegen. Für eine Ausdifferenzierung dieser Überblicksmodelle ist weitere Forschung nötig, die hier nicht geleistet werden kann. Für Ansätze, die nachhaltigen Konsum im kommerzialisierten Jugendalltag anschlussfähig machen wollen, bedeutet dies vor allem, dass sie eine große Nähe zur lebensalltäglichen (Konsum-)Wirklichkeit anstreben müssen. In welchen Settings agieren Jugendliche und wodurch werden sie beeinflusst (Familie, Schule, Peers, Jugendarbeit, Verein, Nachbarschaft und Freunde der Familie, Medien/Werbung)? Es geht aber auch darum, wie sich die Jugendlichen selbst und wie sie ihre eigene Zukunft in der Gesellschaft sehen. In einer früheren Untersuchung hatten wir danach gefragt, wer eigentlich was tun soll, die Älteren oder die Jüngeren. Die Antwort: „Die Jungen sollen mehr tun … sie leben ja noch länger auf der Erde (ID071)" (Tully 1998, 80). Weiter hatten wir danach gefragt, wer für die Umweltrisiken verantwortlich sei und Verantwortung übernehmen müsse. Auch hier eine klare Auskunft: Weil es die Welt der nachfolgenden Generation ist, folgt aus Eigeninteresse eine große Verantwortlichkeit dafür, was künftig geschieht. Es geht um den Horizont der eigenen Lebenserwartung für die noch anstehende Biografie. „Die jüngere Generation, denk ich mal, hat mehr Verantwortung, weil es ihre Zukunft ist. Der älteren (…) Generation kann es eigentlich egal sein. Die sind nicht mehr so lange da wie wir. Man kann jetzt sagen, die leben jetzt vielleicht noch 20, 40 Jahre. In der Zeit kann doch gar nichts passieren. Die jüngere Generation lebt aber vielleicht das Doppelte oder noch zwanzig Jahre mehr. Und dann kommt es erst alles zusammen, dann trifft's Einen selbst. (ID020)" (ebd., siehe auch Seite 69). Jugendliche leben in einer Welt, in der Konsum ebenso alltäglich ist wie die gewachsenen Risiken. Eben unter diesen Vorgaben gilt es, für zukunftsfähige Handlungsmöglichkeiten zu sensibilisieren. Was lässt sich tun? Diese Frage wird von Jugendlichen unterschiedlich beantwortet, denn die Bereitschaft, sich für Umwelt und Nachhaltigkeit einzusetzen, variiert. Dies ist Thema sowohl in der nachfolgenden Typisierung von jugendlichen Konsumenten (vgl. Kapitel 6) als auch Gegenstand vorliegender empirischer Befunde zur Sensibilität von Heranwachsenden in Bezug auf Umweltbelange.

4.2.4 Einkünfte und Ausgaben

Obwohl sich Konsum, als Handlungsakt, der unter vielen Einflüssen steht, über die Verwendung von Geld nicht ausreichend erklären lässt, sind die Einkünfte und Ausgaben der Jugendlichen ein wichtiger Punkt, der nicht außer Acht gelassen werden darf: Woher die Einkünfte kommen und wie hoch sie sind, zeigt die vorhandenen Spielräume der Jugendlichen und jungen Erwachsenen an. Wie über diese Einnahmen verfügt wird, macht klar, welche Konsumbereiche ihnen besonders wichtig sind.

Einkünfte: Taschengeld, Zuwendungen und Lohn

Bei den Finanzen der Jugendlichen muss zwischen Kaufkraft und Einkünften bzw. wirklich zur Verfügung stehendem Geld unterschieden werden. Bei der Angabe der Kaufkraft (z.B. Kids VerbraucherAnalyse) werden die Sparguthaben der Jugendlichen miterfasst, diese werden aber im Normalfall nicht für den alltäglichen Konsum verwendet (vgl. Feil 2003, 77 ff.; Tully/Krok 2008).[10] Demnach erscheint es sinnvoller, die monatlichen Einkünfte der Jugendlichen zu betrachten, wobei auch aus diesen teilweise Sparguthaben wird. Die Daten zu den Einkünften der Jugendlichen fallen recht unterschiedlich aus. Für die 15- bis 24-Jährigen nennt Elmar Lange (2004, 68) im Schnitt 450 Euro an Einkünften im Monat, für die 12- bis 19-Jährigen spricht die *JIM-Studie 2007* von 97 Euro, die den Jugendlichen monatlich zur Verfügung stehen, und eine weitere Studie nennt für die 10- bis 17-Jährigen einen Betrag von 893 Euro jährlich, also ca. 74 Euro monatlich (vgl. Fries u.a. 2007, 58). Die Unterschiede in den Beträgen liegen hier nicht nur an der Altersdifferenz der Befragten: Zwei der Studien weisen Daten für die 16- bis 17-Jährigen aus und unterscheiden sich auch hier sehr stark. So werden sowohl knapp 128 Euro[11] (Lange 2004, 68) als auch 93 Euro (JIM 2007) angeben. Die *JIM-Studie* gibt keine weiteren Auskünfte zu den 93 Euro, die 128 Euro sind einschließlich der Ausgaben für Nahrung, Kleidung und Unterkunft. Für Schüler und Schülerinnen bleiben ohne diese Ausgaben von dem Be-

---

10 Hinzu kommen noch Verrechnungsprobleme bei den Sparguthaben und den Einnahmen. Da die Jugendlichen auch aktuelle Einnahmen zum Teil sparen, kann es hier zu Doppelberechnungen kommen: Alte Ersparnisse erhöhen die aktuelle Kaufkraft, ohne dass sie als solche umgesetzt werden (vgl. Feil 2003, 79 f.).

11 Die 128 Euro (genau: 127,73 Euro) ergeben sich aus dem Durchschnitt der Angaben für die unterschiedlichen Altersklassen: 117 Euro als Durchschnittseinkommen für insgesamt 90 Befragte im Alter von 16 Jahren und 145 Euro als Durchschnittseinkommen für 56 Jugendliche im Alter von 17 Jahren (117 · 90 + 145 · 56)/146 (vgl. Lange 2004, 39, 68).

trag noch 65 % übrig (ca. 83 Euro), für Auszubildende 61 % (ca. 78 Euro). Damit liegen die Beträge deutlich unter denen, die die *JIM-Studie* ermittelt.

Das Erheben von Daten über die Einkünfte wird besonders durch Geldzuwendungen erschwert, die die Jugendlichen unregelmäßig zwischendurch erhalten. Der Betrag wird für die 10- bis 17-Jährigen mit 16 % der jährlichen Gesamteinkünfte angegeben (vgl. Fries u.a. 2007, 58). Allerdings ist auch diese Größenordnung fraglich, da solche unregelmäßigen Einkünfte in einer Befragung für die Jugendlichen schwer als Jahreswert anzugeben sind. Auch bleibt fraglich, wie Konsumzuschüsse von den Eltern – die oftmals in Form von „Deals" stattfinden (z.B. wird für eine Designerjeans mit den Eltern verhandelt, welchen Anteil der Kosten sie übernehmen; vgl. Palan/Wilkes 1997, 161 f.) – einzuordnen sind: Verstehen die Jugendlichen diese als Teil des familialen Konsums oder als eigenes Geld, das sie für ihren Einkauf zusätzlich erhalten? Entsprechend differieren die Einkommenserhebungen bei Jugendlichen meist deutlich (vgl. auch Tully 2004b, 74 f.).

Trotz dieser Probleme bei der Erhebung können die Angaben der vorliegenden Studien helfen, den finanziellen Status verschiedener Gruppen abzugleichen. So lässt sich für die 15- bis 24-Jährigen eine Unterscheidung nach Schülerinnen und Schülern, Studierenden und Auszubildenden vornehmen (vgl. Lange 2004, 68 ff.). Hier zeigt sich erwartungsgemäß, dass Auszubildende über die meisten Einkünfte verfügen, knapp gefolgt von den Studierenden (vgl. ebd.). In allen Gruppen haben die männlichen Jugendlichen mehr Geld zur Verfügung als die Mädchen und die ostdeutschen Jugendlichen verfügen über weniger Geld als ihre westdeutschen Altersgenossen (vgl. Tab. 8).

Nach dem Alter betrachtet liegt der größte Sprung der Einkünfte bei den 16-Jährigen, was zum einen am Übertritt eines Teils der Jugendlichen in die Ausbildung liegt (vgl. Bravo 2009; Lange 2004, 69; JIM 2007, 68). Zum anderen steigen die Einkünfte, da ab der 9. Jahrgangsstufe gut ein Drittel der Jugendlichen

Tab. 8: Verfügbare monatliche Einkünfte der 15- bis
24-Jährigen (Mittelwerte in Euro)

	Herkunft		Geschlecht			
	West	Ost	Männlich	Weiblich	Insgesamt	davon frei verfügbar
Schülerinnen und Schüler	158	100	160	133	143	ca. 95
Studentinnen und Studenten	549	520	578	519	542	ca. 249
Auszubildende	592	425	584	532	560	ca. 342

Quelle: Zusammenstellung nach Lange 2004, 68 und 71.

jobben geht. Laut der Studie „Jugendliche in neuen Lernwelten"
(vgl. Tully 2008) geben drei Viertel der 2064 befragten Jugendlichen
zwischen 15 und 18 Jahren an, neben der Schule, Arbeitstätigkeiten
zu verrichten. Gut ein Drittel arbeitet regelmäßig, 40 % der Jugendlichen arbeiten entweder gelegentlich oder in den Schulferien.
Nur ein Viertel der Befragten geht keiner Nebentätigkeit nach
(Tully 2004c, 408-426). Auch hier zeigen sich Bildungsdifferenzen:
Gymnasiasten arbeiten weniger Stunden als andere Schüler, dafür
aber regelmäßiger (vgl. ebd., 420). Entsprechend dem erhöhten
Zeitaufwand fürs Jobben haben Jugendliche mit Haupt- und
Realschulhintergrund (110 und 116 Euro) durchschnittlich
mehr Geld zur freien Verfügung als gleichaltrige Gymnasiasten
(72 Euro) (vgl. JIM 2007). Für die Schüler unter 15 Jahren geben
die Daten der JIM-Studie 2007 an, dass 12- bis 13-Jährige über
22 Euro und 14- bis 15-Jährige über 34 Euro im Monat verfügen
(JIM 2007, 68). Die Kids Verbraucheranalyse 2008 spricht von

durchschnittlich 31 Euro im Monat bei den 10- bis 13-Jährigen.[12] Die Einkünfte der Jugendlichen stammen aus verschiedenen Quellen. Für die 15- bis 24-Jährigen kann ein Überblick nach verschiedenen Gruppen erfolgen: So erhalten 96 % der Schüler, 81 % der Studenten und 60 % der Auszubildenden Unterstützung von den Eltern (Taschengeld, Mietzuschüsse etc.) (vgl. Lange 2004, 76). Für die Auszubildenden steht an erster Stelle ihre Ausbildungsvergütung, 77 % geben diese als Einkommensquelle an, für weitere 24 % ist es bereits der Lohn. Für Schüler und Studenten ist nach den Eltern der Nebenjob die wichtigste Einkommensquelle: 58 % der Schüler, 72 % der Studenten, aber auch 39 % der Auszubildenden verdienen sich auf diese Weise Geld dazu (vgl. Lange 2004, 76).[13] Für einen größeren Teil der Jugendlichen beginnt der Nebenjob bereits in oder vor der 9. Jahrgangsstufe: Bereits ein Drittel der Jugendlichen geht in der 9. Klasse bereits einem Nebenjob nach (vgl. JIM 2007) – auch dies ist ein Faktor für die sprunghafte Zunahme der Durchschnittseinkünfte ab 16 Jahren.

Ausgaben

Die Ausgaben der Jugendlichen sind nicht zwingend ihren Einkünften gleich. Jugendliche können konsumieren und/oder sparen, sie können ihr Ausgabeverhalten an ihrem Budget orientieren oder sich verschulden bzw. überschulden. Die Überschuldung betrifft aber mit 6 % nur einen kleinen Prozentanteil der Jugendlichen (Lange 2004, 152). Hinzu kommt, dass ein gewisser Teil der Einkünfte bereits für feste Ausgaben verplant ist – bei denen die Jugendlichen aber oftmals Unterstützung von ihren Eltern erhalten.

Solche fest verplanten Ausgaben fallen vor allem in die Bereiche Miete und Nahrung. So zeigt Tabelle 8 auch auf, dass nicht die

---

12 Für Kinder, siehe auch LBS-Kinderbarometer Deutschland 2009 (Beisenkamp u.a. 2009, 151 f.).
13 Aktuelle Zahlen des Bundesinstituts für Berufsbildung (BiBB) sprechen von 27 % der Auszubildenden im zweiten Ausbildungsjahr, die einem Nebenjob nachgehen (vgl. BiBB 2010).

gesamten monatlichen Einkünfte für die Jugendlichen frei verfügbar sind: Während bei Schülern etwa ein Drittel fest verplant ist, sind es bei den Studierenden über 50 % und bei den Auszubildenden etwa 40 % der Einkünfte (vgl. Lange 2004, 71). Bei den fest verplanten Ausgaben der Schüler ist hier vor allem an das Pausengeld bzw. Geld, das sie für sonstige Lebensmittelkäufe erhalten, zu denken.

Fester Bestandteil der monatlichen Kosten ist aber auch das Handy. Es ist aus dem Jugendalltag nicht mehr wegzudenken und erzeugt mit steigendem Alter auch steigende Kosten (vgl. JIM 2007, 56; 2008, 60; Fries u.a. 2007, 93). Für die 12- bis 19-Jährigen etwa gilt, dass ca. 18 Euro monatlich bei den meisten Jugendlichen bereits für das Handy verbraucht werden (JIM 2010, 55): Während die 18- bis 19-Jährigen im Schnitt knapp 26 Euro ausgeben, sind es bei den 12- bis 13-Jährigen nur etwa 12 Euro (ebd.). Die Jugendlichen zahlen allerdings nur einen Teil dieser Kosten: Lediglich 11 % der 10- bis 17-Jährigen, die einen Handyvertrag haben, zahlen die Grundgebühr von durchschnittlich 12,52 Euro selbst (vgl. Fries u.a. 2007, 91). 59 % tragen die Kosten für das Telefonieren (im Schnitt 7,55 Euro) und ebenfalls 59 % tragen die Kosten für SMS, MMS, Klingeltöne u.Ä. (7,59 Euro) selbst (vgl. ebd.) Sowohl der Anteil der Jugendlichen, die selbst Kosten übernehmen, als auch die Höhe der Kosten steigen mit dem Alter (vgl. ebd., 93 ff.).

Das Handy ist damit unter den elektronischen Geräten für die Jugendlichen am kostenintensivsten. Für Computer, Software, DVDs und CDs wird zwar teils etwas mehr Geld pro Monat aufgewendet, allerdings nur von einem kleineren Teil der 10- bis 17-Jährigen: 34 % geben Geld für CDs/Kassetten, 17 % für Computer-Software und 9 % für DVDs aus (vgl. Fries u.a. 2007, 80 ff.).

Bei älteren Befragten (Ergebnisse für 13- bis 19-Jährige und 15- bis 24-Jährige) steigt der Anteil der Ausgaben für das Ausgehen (Disco, Kneipe, Kino) sowie für Kleidung (vgl. Lange 2004, 94; Bravo 2009, 12). Dabei haben schon die 12- bis 19-Jährigen ihre präferierten Marken für Bekleidung: An erster Stelle steht hier

H&M (vgl. Bravo 2009, 20). Dabei geht es den Jugendlichen darum, mit ihrer Kleidung im Trend zu liegen: Ca. zwei Drittel der 12- bis 19-Jährigen geben an zu wissen, was im Trend liegt, und sich gerne nach der neuesten Mode zu kleiden (vgl. Bravo 2009, 19).

4.2.5 Mobilität als Konsum

In der Jugendphase erfolgt ein Prozess der Ablösung von den Eltern. Diese biografische Phase der Verselbstständigung weist in unserer modernen Gesellschaft eine starke räumliche Komponente auf (vgl. Lappe u.a. 2000, 46 f.). Die Jugendlichen verschaffen sich für diese Aufgabe selbst Räume. Und dies genau im Wortsinn, sie benennen das eigene Zimmer und die zur Verfügung stehenden Verkehrsmittel als wichtigste Ressourcen, um Abstand von den Eltern zu gewinnen (vgl. Flade 2009).

Der hohe Rang der Verkehrsmittel erklärt sich dadurch, dass Jugendliche heute in eine Mobilitätsgesellschaft hineinwachsen. Praktisch sichtbar wird das, wenn die Wege zur Schule nicht mehr zu Fuß zu bewältigen sind – und im Anschluss daran auch die Wege zu den Freunden aus der Schule, die nun weiter weg wohnen

Tab. 9: Die Verkehrsmittel Jugendlicher (15 bis 26 Jahre, in Prozent)

	Auto (Fahrer)	Auto (Mitfahrer)	Zu Fuß	Rad	Bus/ Bahn	Zweirad
Unter 18 Jahren	1	23	27	15	15	9
Ab 18 Jahren	36	17	22	11	6	2
Gesamt	27	19	22	12	9	4

Quelle: Tully/Baier 2006, 131 (U.Move); die Ausgangsfrage des Projekts „U.Move" lautete: „Wie bewegen sich junge Leute?" Erhebung in den Regionen Greifswald, Potsdam, Dortmund und Passau; N = ca. 4500.

als früher (vgl. Tully/Baier 2006, 129 ff.). Sich mit Freunden zu treffen, ist für Jugendliche eine der wichtigsten Möglichkeiten, sich von den Eltern abzulösen und eigene Lebensstile mit dem Freundeskreis zu erproben (vgl. ebd., 134 f.). Somit bedingt der Jugendalltag durch die Treffen im Freundeskreis, auch über die Schule hinaus, ständige Mobilität.

Für die über 18-Jährigen kommt hinzu, dass das Auto eine enorme Steigerung der Unabhängigkeit verspricht. Zum einen durch die größeren Mobilitätsmöglichkeiten, die das eigene Auto tatsächlich verleiht – Möglichkeiten, die für ländliche Regionen oftmals eine Notwendigkeit sind (Schulz 2002, 103 ff.; Tully 2000a, 9 ff.). Zum anderen ist das Auto aber auch ein Statussymbol – insbesondere für Jugendliche – und der Erwerb des Führerscheins gilt auch heute noch als Zertifikat für den Erwachsenenstatus (vgl. Lappe u.a. 2000, 47). Ein weiterer Faktor, der das Mobilitätsverhalten beeinflusst, ist der Übertritt von der Schule in die Ausbildung oder das Studium. Der Weg zur Schule war fremd organisiert, die Wege in die Ausbildung oder das Studium müssen die Jugendlichen nun selbst managen – eine Aufgabe, die per Auto oftmals leichter zu lösen ist.

Kommunikation mit Freunden – viel unterwegs

Jugendliche sind mehr unterwegs als Ältere, sie haben mehr Freizeit. Schließlich realisieren sie ein Projekt und das heißt ‚Ablösung von der Familie'. Diese Ablösung gelingt über die altersgleichen Peers. Nur sie wissen, was ‚in' und was ‚out' ist, was richtig und was falsch. Egal ob es um Musik, Klamotten, Videoclips oder Erziehungsstile der Eltern geht. Damit ist die Suche nach den Freunden als den wahren Experten des Jugendalltags und das Sichtreffen mit diesen Freunden/ Freundinnen unabdingbar. Ein durchschnittliches Mobilitätsprofil Heranwachsender lässt erkennen, dass es hier unterschiedliche Anlässe gibt, sich auf den Weg zu machen. Die Schule gehört hierher und die Freunde. Ausgehen ebenso, um sich zu treffen, zu shoppen, mit anderen etwas zu unternehmen. Erst wenn sich partnerschaftliche Beziehungen anbahnen, nehmen die Wege für Tagesausflüge, Weggehen und Ähnliches ab. Mobilitätsprofile spiegeln den Lebensalltag wider. Deshalb zeigen Statistiken: Mit dem Erwachsenwerden nehmen notwendige Wege (sogenannte Versorgungswege, Einkaufen, Dinge erledigen, Arztbesuche und Ähnliches) zu. In der Gesamtbilanz von Mobilität ändert sich nicht so viel. Der Rückgang bei den „Freizeitwegen" wird durch sogenannte Pflichtwege im Zuge des Erwachsenwerdens annähernd ausgeglichen. Der Verzicht auf Tagesausflüge und Weggehen sorgt dafür, dass die Gesamtzahl an Wegen, sprich die Gesamtmobilität junger Erwachsener im Vergleich zu Jugendlichen, nur leicht rückläufig ist.

Seit elektronische Medien Einzug gehalten haben, wird die Frage erörtert, ob deren Nutzung Wege erspart. Jugendliche leben vernetzt und mobil. Sie halten sich häufig im Internet auf. Die gängigen Netzwerke SchülerVZ, Facebook und Lokalisten verzeichnen Millionen von Mitgliedern. Ihre besten Freunde aber, die kennen sie von der Schule und eben mit ihnen müssen sie sich abstimmen, gemeinsame Aktivitäten vorbereiten und realisieren, egal ob es um Shopping (Mädchen) oder um den gemeinsamen Blick auf den Bildschirm für die neue Grafikkarte (Jungen) geht. Die Aufwendungen für Kommunikation sind ein merklicher Posten des Taschengeldes. Wir wissen: Neun von zehn Jugendlichen nutzen ein Handy, verschicken SMS, sind so rund um die Uhr erreichbar, loggen sich in SchülerVZ und ähnlichen Netzwerken ein. Mit engen Freunden wird das komplette Set der Kommunikationsmedien (Chat, SMS, Telefon, Mail) benutzt. Ein Leben ohne direkte, individuelle Erreichbarkeit ist Jugendlichen nicht mehr vorstellbar.

Ersetzt die Nutzung von Kommunikationstechnik Wege oder bedingt die Nutzung von Medien zusätzliche Wege? Soweit es ums Handy geht, ist sehr wohl von einer Zunahme an Wegen auszugehen. Denn erst mit dem Handy wird so etwas wie „Event-hopping" möglich. Was heißt das? Wer sich mit dem Handy in der Freizeit aufmacht, um sie zu genießen, und dann an der aufgesuchten „Location" feststellt, dass da einfach nichts „los" ist, kann nun per Rund-SMS nachfragen, wo denn „was abgeht", und mit dieser

Information ausgestattet sich zu solch einer anderen „Location" aufmachen. Wenn es um Spaß und echte Freunde geht, wenn es um gemeinsames Arbeiten, wenn es um vertrauensbildende Vereinbarungen geht, sind Face-to-face-Kontakte nicht ersetzbar. Kommunikationstechnik begrenzt die faktische Mobilität nur bedingt. Auch Diagnosen, dass Jugendliche ihre Freunde im Chat fänden, sich also nicht aus dem Haus begeben müssten sind kaum haltbar. Neben den zweidimensionalen Freunden im Netz sind die Freunde und der beste Freund/die beste Freundin immer dreidimensional. Digitale Freunde arbeiten auch mit geliehenen Identitäten. Nicht jedes Profil ist echt, nicht jeder 17-Jährige männlich, nicht jede 12-Jährige weiblich usw. Um zu wissen, wie die eigene Person eingeschätzt wird, braucht es Verlässlichkeit. Es muss klar sein, mit wem man es zu tun hat. Soziales ist durch Technik nicht substituierbar.

Führerschein mit 17 oder weniger Auto

Für die 18- bis 24-Jährigen geht – wie in „Mobil in Deutschland" von 2010 nachzulesen ist – die tägliche Autonutzung um 12 %, der Führerscheinbesitz um 3 % zurück und die tägliche ÖPNV-Nutzung nimmt um 5 % zu. Insgesamt nimmt seit 1998 der mobile Individualverkehr leicht ab, der fußläufige Verkehr nimmt leicht zu, ebenso wie die Nutzung des Fahrrads und die Nutzung des ÖPV. Die mittleren Wegstrecken der 14- bis 17-Jährigen, aber auch die der 18- bis 29-Jährigen (mittlere Tagesstrecke), nimmt zwischen 2002 und 2008 um ein bis zwei Prozentpunkte zu. Speziell auf die Autonutzung bezogen werden folgende Daten berichtet: Der Anteil des mobilen Individualverkehrs bleibt für die Altersgruppen 6 bis 9 und 10 bis 13 im Zeitvergleich 2002 bis 2008 unverändert. Bei der Gruppe der 14- bis 17-Jährigen wird ein Rückgang um 1 %, bei der der 18- bis 24-Jährigen um 8 %, bei der der 25- bis 44-Jährigen um 6 % berichtet. Erst in den Altersgruppen über 60 nimmt die Autonutzung zu. Zu verzeichnen ist also ein Zuwachs bei älteren Verkehrsteilnehmern und Abstriche bei anderen Altersgruppen. Die Gesamtmobilität in Deutschland ist leicht rückläufig, v.a.

aber geht die Automobilität zurück. Dieser Befund einer zurückgehenden Automobilität ist durchaus diskussionswürdig. Zu vermuten ist, dass die zu berichtende Abnahme den Effekt fortschreitender Verstädterung widerspiegelt. Wenn dies so ist, dann sind vor allem die Unterschiede von Stadt und Land näher in den Blick zu nehmen, und darum das Mobilitätsverhalten in diesen unterschiedlichen Räumen zur Kenntnis zu nehmen. Im Hinblick auf Jugendliche ist diese Sichtweise einer stärkeren Berücksichtigung von Stadt-Land-Unterschieden im besonderen Maße sehr angeraten. Das Modell „Führerschein mit 17" wurde zunächst stufenweise in einigen Flächenländern erprobt und wird nun für ganz Deutschland zur Regel ausgebaut. Damit könnte der Eindruck entstehen, Jugendliche würden immer früher ins Auto einsteigen, die Zahl Jugendlicher und junger Menschen am Lenkrad nähme zu. Dies aber ist nicht der Fall.

Wir haben diese Frage des Stadt-Land-Unterschieds in Bezug auf Automobilität genauer betrachtet. Unsere Analysen zeigen, im Zeitvergleich 2004 und 2009, eine wachsende Neigung, sich den Führerscheinerwerb in der Stadt zu ersparen. Mobilsein geht in der Stadt auch ohne eigenes Auto. Darüber hinaus geht die Schere des Nichterwerbs in diesem Zeitvergleich zusätzlich auf. Und es sind nicht nur die 17- und 18-Jährigen, die auf den Führerschein verzichten, der Führerscheinerwerb insgesamt wird bei Jugendlichen, die in Städten leben, aufgeschoben. Woran dies liegt, muss an dieser Stelle nicht abschließend befunden werden. Eine Vermutung kann an dieser Stelle jedoch geäußert werden. Den Unternehmen der Kommunikationstechnik gelingt es wohl besser, über die einmal etablierten Verträge mit den jugendlichen Nutzern Geld für Kommunikation, für Musikdownloads, für den Versand von Fotos usw. abzuziehen. In einigen Altersgruppen liegt der Anteil der Kommunikationskosten am Taschengeldbudget bei annähernd 50 %. Taschengeld, das früher für das Auto angespart wurde, ist vielfach bereits ausgegeben. Rücklagen bei den Großeltern, die bedarfsweise für den Führerschein herausgegeben wurden, sind oft bereits für neue Handys und Grafikkarten transferiert worden.

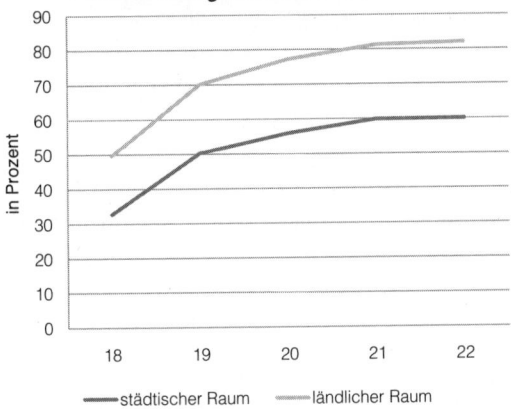

Abb. 9: Führerscheinerwerb der 18- bis 22-Jährigen im Jahr 2004

Quelle: Eigene Berechnungen nach Daten des Bundeskraftfahrtamtes, bei den prozentualen Angaben handelt es sich um kumulierte Werte.

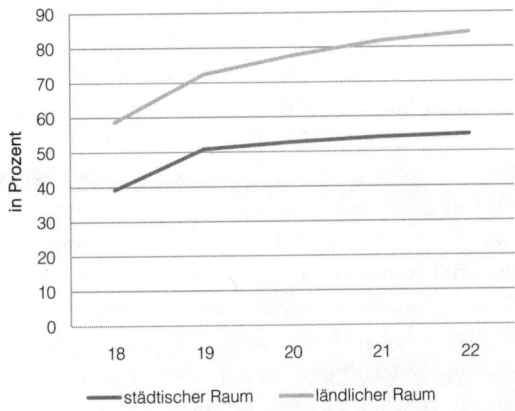

Abb. 10: Führerscheinerwerb der 18- bis 22-Jährigen im Jahr 2009

Quelle: Eigene Berechnungen nach Daten des Bundeskraftfahrtamtes, bei den prozentualen Angaben handelt es sich um kumulierte Werte.

Und vor allem für die Jugendlichen in der Stadt gibt es mehr Möglichkeiten, den eigenen mobilen Alltag zu gestalten. Der „Führerscheinerwerb mit 17" ist in Flächenländern attraktiv, nicht aber in Stadtstaaten. Jugendliche auf dem Land, das ist die Gruppe, die den „F 17" macht, müssen ihr „Mobilsein" vermutlich aus Mitteln anderer Konsumfelder (Kleidung, Ausgehen, Reisen, Miete) finanzieren, um ein, so erscheint es nun, traditionelles Mobilitätsmuster: „18 und ins Auto" zu praktizieren. Jugend ohne Auto könnte sich als Modell der Zukunft qualifizieren, eine Vermutung, die dadurch erhärtet wird, dass aufgrund fortgesetzter Verstädterung bereits Zweidrittel der Jugendlichen in Städten lebt.

Im Hinblick auf Nachhaltigkeit stellt sich hier ein positiver Effekt ein. Jugendliche fahren weniger Auto. Denn der größere Teil junger Menschen lebt in der Stadt. Wenn also Heranwachsende in der Stadt weniger das Auto benutzen, so ist das durchaus begrüßenswert. Nur ist der Verzicht auf das Auto nicht vom Wunsch, die Umwelt zu schützen, motiviert. Es handelt sich also um einen nichtintendierten Beitrag für die Nachhaltigkeit.

4.2.6 Ernährung und Fast Food – (fast) Essen und die Trends zum Snack

Wie Konsum insgesamt unterliegt auch das Essen einer kulturellen Formung. Unterschiedliche Nahrungsmittel tragen verschiedene symbolische Bedeutungen mit sich (vgl. Methfessel 2001, 19): Was man isst, ist somit immer auch Ausdruck eines Lebensstils. In dieser Verbindung von Essen und Lebensstil zeigt sich auch die Schwierigkeit, ein Essverhalten einfach zu verändern – ein solcher Versuch bedingt immer den Lebensstil einer Person, was enorme Anstrengungen erfordert. Auch wird hiermit deutlich, dass eine Reduzierung des Essens auf die Funktion der Nahrungsaufnahme und damit auf eine ökonomische und rationale Betrachtung nicht möglich ist (vgl. auch ebd.).

Lebensstil und Essstil Jugendlicher sind eng verbunden mit dem sozialstrukturellen Hintergrund der Heranwachsenden. Unter

dem Einfluss des Elternhauses werden bildungs- und schichtspe-
zifische Gesundheits- und Geschmackseinstellungen ausgebildet
(vgl. Gerhards/Rössel 2003, 22). So ist der überproportional
hohe Anteil der übergewichtigen Schüler und Schülerinnen aus
schlechter gestellten Elternhäusern auch Ergebnis dort erlernter
Essstile (vgl. ebd., 21). Wie stark der Essstil prägt, zeigt sich
auch, wenn das Einkommen sinkt: Zwar wird zuerst bei den
Nahrungsmitteln gespart, aber der Essstil wird, soweit möglich
und mit entsprechenden qualitativen Einschränkungen bei den
Nahrungsmitteln, aufrechterhalten (vgl. Bartsch 2006, 25).

Die Ernährungsstile Jugendlicher sind der Lebensphase des
Aufwachsens und Erwachsenwerdens gemäß einerseits von den
familialen Essgewohnheiten geprägt und zugleich, ganz im Dienste
der eigenen Ablösung, auf Eigenständigkeit ausgerichtet. Befunde
zum Ernährungsverhalten von Kindern und Jugendlichen wurden
in jüngerer Zeit verschiedentlich erhoben. Zu nennen sind hier die
Nationale Verzehrsstudie von 2008 (Bundesforschungsinstitut für
Ernährung und Lebensmittel), die *EsKiMo-Studie* von 2007 sowie
die Studien von Diehl (1999) und Moore/Wilkie (2005). Zudem
spielt in jüngerer Zeit Essen in der Schule eine gewachsene Rolle
(vgl. Nölting/Reimann/Strassner 2009; Westenhöfer/Mattusch
1999). Betrachtet man den täglichen Verzehr nach Lebensmittel-
gruppen und Geschlecht, konsumieren Jungen von 13 bis unter 15
Jahren (alte Bundesländer) relativ viel Milch und Milchprodukte
und Süßwaren. Mädchen dieser Altersgruppe essen relativ wenig
Fleisch- und Wurstwaren, Fisch- und Fischwaren (vgl. EVS 1993
nach Ernährungsbericht 2000, 34 f.). „Vegetarisch ausgerichtete
Ernährungsweisen" finden sich vorzugsweise bei jungen Mädchen,
was die Nahrungsmittelpräferenzen betrifft, so zeigen „Jungen unter
anderem eine signifikant stärkere Vorliebe für die Speisengruppen
Fast Food, Fleisch, Wurst und Fisch, während Mädchen Obst,
rohes Gemüse und Käse etwas präferierten" (Diehl 1999, 151).

Was das Ernährungsverhalten Jugendlicher formt

Was das Essverhalten Jugendlicher betrifft, so berichtet die Bundeszentrale für gesundheitliche Aufklärung Daten, die vor dem Hintergrund von Lebensstilen eingeordnet und interpretiert werden. Diese empirische Studie von Gerhards und Rössel (2003) unterscheidet die Prägung durch familiales Essverhalten ebenso wie die Ablösung. Ernährungsmuster sind mithin durch Jugendspezifitäten geformt. Sie stellen das nachstehende Kernmodell für die Erklärung jugendlichen Essverhaltens vor.

In ihrem Modell gehen die Autoren davon aus, dass sowohl das kulturelle als auch das ökonomische Kapital der Eltern für den Lebensstil und den Schulbesuch der Kinder ausschlaggebend sind. „Zusätzlich aber wird zu kontrollieren sein, welche Bedeutung andere Faktoren – wie Wissen, Geschlecht und Ernährungseinstellungen – für die Ernährungsgewohnheiten der Schüler haben" (Gerhards/Rössel 2003, 33). Im Jugendalter sind es dann vor allem die eigenen jugendkulturellen Stile der Heranwachsenden, die das Essverhalten formen. Für die Ausformung dieser Stile sind die Freunde (Peergroups), Aktivitäten außer Haus, Sport und Fernsehkonsum von besonderer Bedeutung (vgl. ebd., 22 f.). Es ist davon auszugehen, dass hier auch zwischenzeitlich das Internet einen hohen Einfluss ausübt. Die spezifischen Ernährungsweisen der jugendkulturellen Stile hängen von den je gesetzten „in"- und „out"-Produkten ab. Jugendkulturelle Stile werden vorrangig mit den verwendeten Konsumgütern (Mp3-Player, Handy, Markenkleidung etc.) in Verbindung gebracht, aber auch Verbrauchsgüter wirken kulturstiftend (vgl. Bartsch 2006, 82). Spezifische Lebensmittel wirken zugehörigkeits- und identitätsstiftend (vgl. Grunert 1993, 55).

Weiter führen Gerhards und Rössel (2003) zwei zusätzliche Ebenen ein. Sie unterscheiden ein sogenanntes „außerhäusliches" und ein „innerhäusliches" Spannungsschema. (a) „Ersteres ist vor allem auf spannungsorientierte Freizeitaktivitäten außerhalb des Hauses gerichtet und umfasst Aktivitäten wie in die Disco gehen, mit Freuden herum gehen, bummeln, in die Kneipe gehen, Jugendclubs besuchen, ins Kino gehen …" (b) Die zweite Ebene bezieht sich auf Aktivitäten, „die im Haus ausgeführt werden, und umfasst Musik hören, Videos ansehen, Computerspiele machen, Zeitschriften und Comics lesen und im Internet surfen" (ebd., 45). In Bezug auf Ernährung ordnen sie den außerhäuslichen Freizeitaktivitäten einen deutlich erhöhten Konsum von „zucker- und fetthaltigen Nahrungsmitteln" sowie eine kräftige „Ausweitung des Alkohol- und Zigarettenkonsums" zu. Im Hinblick auf die innerhäuslichen Freizeitaktivitäten betonen sie rund um die fernsehorientierte Freizeitgestaltung Folgendes: „Je höher der Fernsehkonsum, desto höher ist auch der Konsum von Snacks, Süßigkeiten, Drogen und Süßgetränken; umgekehrt verzehren Vielfernseher weniger Milchprodukte, Obst und Gemüse und Vollkornbrot" (ebd., 55). Vieles spricht dafür, dass diese im Hinblick auf Fernsehen konstatierten Muster auf Bildschirmbeschäftigung (Computerspiele und Ähnliches) übertragbar scheinen.

Nachhaltige und gesunde Ernährung – bedingt interessant
Ein weiterer Bereich des Konsumverhaltens betrifft gesunde Ernährung. Dies ist nicht für alle Jugendlichen ein Thema. Beim Essen geht es Heranwachsenden vor allem um Genuss und Naschen (Pudel 1999, 37). Am liebsten essen sie Nudeln, Pizza, Pommes frites (vgl. Hayn/Empacher/Halbes 2005, 63; ähnliche Ergebnisse finden sich auch bei Diehl 1999). Die Frage nach gesundem Essen taucht erst mit zunehmendem Alter auf und ist dann auch eher ein Thema der Mädchen – und diesen geht es vor allem um Aspekte des Aussehens (gesunde Haut, Vermeiden von Pickeln) (vgl. ebd.). Dem entspricht auch, dass sich geschlechtsspezifische Unterschiede im Essverhalten erst in der Pubertät herausbilden, was im Zusammenhang mit der Ausbildung männlicher und weiblicher Identitäten steht (vgl. Gerhards/Rössel 2003, 21).

Obwohl gesunde Ernährung bei Jugendlichen mit fortschreitendem Alter zum Thema wird, gehen 80 bis 90 % der Jugendlichen und jungen Menschen (14- bis 39-Jährige) regelmäßig in

Abb. 11: *Revidiertes Erklärungsmodell jugendlichen Essverhaltens*

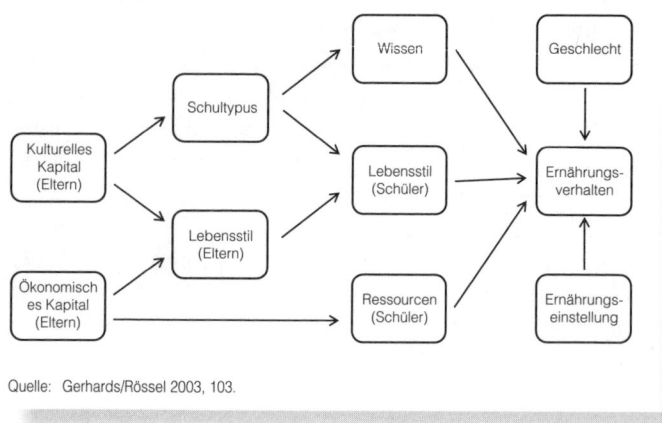

Quelle: Gerhards/Rössel 2003, 103.

Fast-Food-Restaurants (vgl. ebd.). Das zunehmende Interesse an gesunder Ernährung lässt sich also nicht mit einer solchen Ernährungsweise gleichsetzen. So lassen sich Jugendliche in Ernährungsfragen auch eher unter die Rubriken „desinteressiert-beiläufig" (das Essen soll satt machen) und „funktional-körperbezogen" (das Essen soll der Leistungsfähigkeit und Schönheit dienen) einordnen (vgl. Methfessel 2005, 21 f.).

Trend zum Snack

Silke Bartsch (2006) unterscheidet danach, ob Jugendliche daheim oder unterwegs essen, ob sie mit der Familie oder mit Freunden essen. Dabei zeigt sich für die befragten Jugendlichen, dass nicht einfach von den Präferenzen der Jugendlichen gesprochen werden kann. Vielmehr bestimmen Ort und Anwesende, was gegessen wird. Damit werden explizit strukturelle Bedingungen des Jugendalltags und die jugendkulturelle Formung von sozialen Situationen des Konsums ins Blickfeld gerückt.

Mit der Lebensphase Jugend geht eine hohe Mobilität einher

(siehe oben 4.2.5), was auch das Essverhalten der Jugendlichen bedingt. Die Jugendlichen sind mit Freunden unterwegs und lösen sich von ihrer Familie ab. Beides impliziert Bewegung und es sind Treffpunkte außer Haus nötig, um „in Ruhe" etwas mit den Freunden machen zu können – wenn es auch nur „rumhängen" ist (vgl. Tully 2002). Dieses Unterwegssein erzeugt einen für die Jugendphase charakteristischen Essstil, das „Snacken" (vgl. Bartsch 2006, 89 ff.). Silke Bartsch beschreibt Snacken als „kleine Zwischenmahlzeit", die „Teilchen vom Bäcker, Minipizza, Riegel, Baguette, belegte Brötchen u.v.a.m." umfasst: „So verwendet, unterscheidet sich Naschen, das auf den Genuss abzielt, vom ‚Snacken' lediglich in der Absicht, dass der ‚Snack' den ‚kleinen Hunger zwischendurch' stillen soll" (ebd., 90). Dabei hat jeder Snack ein Image, das Zugehörigkeit und Unterscheidbarkeit gewährleistet bzw. erzeugt und auch emotionale Stimmungen anzeigen kann (vgl. ebd., 92). Auf dieser Basis zeigt sich, dass auch der Verzehr von Fast Food vorrangig Teil eines jugendkulturellen Stils ist (vgl. ebd., 94). Auch trägt der Begriff „Snacken" bereits die Bedeutung mit sich, dass es sich um eine Nebentätigkeit handelt. So gibt über die Hälfte der Jugendlichen an, dass es ihnen wichtig ist, das Essen nebenher erledigen zu können, wenn sie sich mit Freunden treffen (ebd., 163).

Trotz des Trends zum Snacken dominieren weiterhin Mahlzeiten zu Hause, 80 % der Mahlzeiten werden hier eingenommen. Mahlzeiten – zu Hause wie außerhäuslich – haben einen tagesstrukturierenden Charakter, sowohl als gemeinsame Tätigkeit (Familienessen, Besuch mit den Freunden im Fast-Food-Restaurant) wie als funktionelle Notwendigkeit (Ernährung), die nicht umgangen oder zeitlich beliebig verzögert werden kann. Umgekehrt strukturieren auch die alltäglichen Verpflichtungen (Schule, Beruf) die Verteilung der Mahlzeiten über den Tag.

Zu beobachten ist, dass die gemeinsamen Mahlzeiten mit der Familie abnehmen und die Mahlzeitenstrukturen der Kinder und Jugendlichen mit zunehmendem Alter unregelmäßiger werden. Beides hängt mit der Zunahme unterschiedlicher Tagesstrukturen der Familienmitglieder sowie einer höheren Autonomie, die

Jugendlichen heute zugestanden wird, zusammen (vgl. Bartsch 2006, 53). Dies führt auch dazu, dass Jugendliche mit steigendem Alter ihre Mahlzeiten zu Hause immer öfter selbst zubereiten (Heyer 1997, 143 f.). Für Jugendliche entsteht hier auch die Möglichkeit, Mahlzeiten auszulassen, ein Muster, das sich vor allem für Mädchen diagnostizieren lässt (ebd.).

Einfluss Jugendlicher auf den familialen Konsum

Nachhaltigkeit spielt in der frühen Phase der Ablösung nur eine nachgeordnete Rolle, allenfalls sind hier die Entscheidungen für vegetarische Ernährung angesiedelt. In diversen Studien wird davon ausgegangen, dass die Entscheidung für vegetarische Ernährung in der Phase der Pubertät getroffen wird. In der KiGGS-Studie (Mensink u.a. 2007) wird berichtet, dass fünf Prozent der weiblichen und ein Prozent der männlichen Jugendlichen (12-17 Jahre) sich vegetarisch ernähren. Gegenwärtig ernähren sich laut der Nationalen Verzehrstudie (2008) 1,6 % der Bevölkerung der Bundesrepublik Deutschland vegetarisch. Auch hier sind es vor allem Frauen, die sich vegetarisch ernähren (Frauen 2,2 %, Männer ein Prozent).

In der Lebensphase nach dem 17./18. Lebensjahr rückt auch Nachhaltigkeit als Thema verstärkt ins Bewusstsein. Diese Umsetzung jedoch fasst zwingend familiäre Lebensstilpraxis und jugendliche, mobile, hochsituative Lebensmuster des Lebensalltags zusammen. Das Verhältnis familialer Lebensstilpraxis und der Jugendalltagsorientierung sind notwendig konfliktreich, sie betreffen die Ausdifferenzierung eigener Interessen und Wünsche. Insofern überrascht es auch nicht, dass es Rückkopplungseffekte auf ernährungsbezogenes familiales Einkaufsverhalten gibt. Die Heranwachsenden teilen ihre Geschmackspräferenzen mit und nehmen so Einfluss auf die Einkaufslisten für den Familieneinkauf.

5. Umwelt, Konsum und Nachhaltigkeit

Die Frage nach der Umwelt, nach deren Belastung und Schutz, konzentriert sich in den letzten Jahren zunehmend auf die Problemstellung des Klimawandels und die Leitidee der Nachhaltigkeit. Dabei geht die Frage nach der Endlichkeit der Ressourcen bereits auf die 1970er Jahre zurück (siehe u.a. Enzensberger/ Michel 1973 und die Studie: „Die Grenzen des Wachstums", von Meadows u.a. 1972). Bereits in den späten 1980er Jahren ist von nachhaltiger Entwicklung die Rede und mit der UN-Konferenz für Umwelt und Entwicklung in Rio de Janeiro 1992 wird erstmalig eine breite Öffentlichkeit darauf aufmerksam (vgl. Brand 1997, 7). Dies zeigt sich auch an dem zunehmenden Raum, den Klimawandel und Nachhaltigkeit in amtlichen Berichten einnehmen (vgl. Umweltbericht 1998, 2008; Jahresbericht des Umweltbundesamts 2006). Für beide Themen lässt sich bei den Deutschen eine gesteigerte Sensibilisierung feststellen (vgl. Wippermann u.a. 2008, 15 ff.).

5.1 Die Entdeckung der Umwelt

Umwelt und Nachhaltigkeit, so scheint es, sind aufs engste mit Konsum verknüpft. Dies gilt auch für die Artikulation der Forderung zum Umweltschutz in den 1970er Jahren. Um diese Verknüpfung in Erinnerung zu bringen, folgt ein kurzer Abriss.

Konsum spiegelt die Gesellschaft, schließlich hängen die Lebens- und Arbeitsbedingungen vom Konsum ab. Die Industriegesellschaft und die Ford'sche Massenproduktion stehen dafür.

Die Lebens- und Arbeitsbedingungen sind aber andererseits (durchaus im Sinne von Karl Marx) Basis der Produktion von Gütern und der Produktion von Reichtum. Kritik an der Produktion und den gesellschaftlichen Verhältnissen geht insofern in den 1970er Jahren konsequent mit einer Kritik am Konsum einher. Die theoretische Basis liefern Schriften wie die von Theodor W. Adorno (1903-1968) zur Kulturkritik oder die von Hans Freyer (1887-1969). Freyer zum Beispiel betont, dass der Wert von wachsender Freizeit darin liege, die Nicht-Arbeit für den Kauf von Konsumartikeln zu nutzen, um für neue Produkte gesellschaftliche Absatzmärkte zu schaffen. Auch das Buch von Erich Fromm (1900-1980) „Haben oder Sein" (1976) kritisiert das „Sein" per Konsum von Dingen. Im Anschluss an diese Debatten sprechen Kritiker vom „Konsumterror". Es geht darum, sich dem Konsum zu verweigern, um zu ehrlicheren Verhältnissen zu sich selbst und zur Gesellschaft zu finden. Es überrascht nicht, dass in den 1960er Jahren die „Stiftung Warentest" entsteht: Sie steht für den Versuch, neutral, objektiv und sachkundig zu urteilen, wenn es um Konsum geht. In den 1970er Jahren folgen diverse staatliche und nichtstaatliche Verbrauchereinrichtungen, aber auch Vorschriften zur Warenkennzeichnung.

Während es auf der einen Seite eine Kritik am Konsum (Terror, Manipulation, Zwang) gibt, entsteht auf der anderen Seite so etwas wie die Idee des Schutzes von Umwelt. Zu nennen ist hier Ende der 1970er Jahre die Formung der Partei „Die Grünen", es ist die erste umweltpolitische Partei in der Bundesrepublik. Mitte der 1970er Jahre wird aus Umweltinitiativen heraus der Bund für Umwelt- und Naturschutz Deutschland (BUND) gegründet. Ebenfalls dieser Zeit zuzurechnen ist die Gründung des Club of Rome, der 1968 in Hamburg etabliert wird und mit seiner Studie „Grenzen des Wachstums" für weltweite Aufmerksamkeit sorgt. Die damals einsetzende Bewegung stand unter dem Eindruck der Grenzen von Wachstum, sprich dem alsbaldigen Fehlen von Ressourcen und Naturstoffen wie Energie, Holz, Kohle oder Erdöl. Es ging häufiger um Konsumvermeidung und weniger um intelligenten Konsum. Eine Ausnahme stellt hier vermutlich Robert Jungk (1913-1994) mit seiner Zukunftsforschung und seiner Zukunftswerkstatt dar. Das ökologische Grundverständnis dieser Jahre ist tendenziell jedoch von einer Ethik des Verzichts geformt. Nur was unvermeidbar, was wirklich wichtig ist, scheint vertretbar. Es gilt, Vermeidbares zu stornieren, denn der Konsum ist als Verursacher der Umweltkrise diagnostiziert. Die gesellschaftliche Debatte bewirkte, dass der Umweltschutz zu einem allgemeinen Anliegen in der Gesellschaft etabliert wurde. Der Umgang mit der Energie(-krise) und mit Schadstoffen erfuhr eine politische Bearbeitung. Abfall wird bspw. verteuert, die Emission von Schadstoffen und Abgasen soll durch Regelungen reduziert werden. Umwelt erfährt eine umfassende mediale Aufbereitung (Stichwort: Baumsterben, Tempo 100 vs. Freie Fahrt dem freien Bürger). Nach der Gründung der „Grünen" übernahmen auch andere Parteien „grüne" Politikthemen.

Die aktuelle Debatte fokussiert unter dem Begriff der Nachhaltigkeit neben anderen regionalen und globalen Risiken die wachsende CO_2-Belastung, die als absehbare Klimakatastrophe sichtbar ist. Trotz umfassender Regelungen und einer fortgeschrittenen Ausdifferenzierung des gesellschaftlichen Handlungsbedarfs in Bezug auf Umwelt (Umweltbundesamt, Bundesumweltministerium, Umweltbildung an Schulen, CO_2-Steuer), bleibt ein bei den Subjekten ansetzendes nachhaltiges Verhalten unverzichtbare Voraussetzung für Nachhaltigkeit. Die Schwierigkeit dabei ist, dass die Wirkzusammenhänge immer komplexer werden und die eigene Einflussnahme auf resultierende Belastungen nur bedingt einsehbar und nachvollziehbar erscheint.

5.2 Nachhaltigkeit und Alterskohorten

Im Allgemeinen handelt es sich bei Umweltthemen, wie bei allen gesellschaftlichen Diskursen, um Moden, die eine bestimmte Problemwahrnehmung erzeugen (vgl. Luhmann 1986, 62 ff.). So ist etwa die Skandalisierung der Schadstoffbelastung der Wälder

als „Waldsterben" wieder aus der öffentlichen Wahrnehmung verschwunden, während das Problem weiterhin besteht. Die Gefahr
des Klimawandels und die Frage nach einem sinnvollen Umgang
mit Ressourcen sind nun bereits sehr lange öffentliches Thema,
was auf eine stärkere Verankerung in der Gesellschaft schließen
lässt, als es bei vorherigen Umweltthemen der Fall war. Damit ist
ein Ansatzpunkt dafür gegeben, tatsächliche Veränderungen in
unserer Gesellschaft hin zu einem nachhaltigeren Wirtschaften
voranzutreiben. Grundlage hierfür ist auch eine Bereitschaft, das
eigene Verhalten zu ändern: So gibt eine Mehrheit der Bevölkerung
an, nachhaltiges Konsumverhalten zu unterstützen und es auch
selbst zu praktizieren, wenn der eigene Lebensstandard darunter
nicht leidet (vgl. Wippermann u.a. 2008, 39).

Allerdings gilt auch, dass Umweltschutz zwar als wichtige, aber
nicht als vorrangige Aufgabe betrachtet wird (Allensbach 2004, 7 ff.).
Wie die in Kapitel 3 angeführten Daten zeigen, gilt Ähnliches auch
für die Jugendlichen: Umweltverschmutzung wird als Bedrohung
wahrgenommen, aber es wird darauf nicht mit einem gesteigerten
Umweltbewusstsein reagiert (vgl. Gensicke 2006, 171, 177 f.). Tatsächlich zeigt sich, dass sich die 18- bis 29-Jährigen, hier besonders
die 18- bis 19-Jährigen, am wenigsten umweltgerecht verhalten
(vgl. Kuckartz u.a. 2007, 29). Dies liegt vor allem an dem über die
Zeit geschwundenen Umweltbewusstsein der Jugend in den letzten
30 Jahren (vgl. Braun 2009, 465; Bargel 2008, 38), der sich auch
im Engagement zeigt: Die drei vorliegenden Wellen des *DJI-Surveys*
(1992, 1997, 2003) zeigen für die 16- bis 29- Jährigen auch einen
Rückgang des Engagements im Umweltbereich: So gaben 2003
nur noch 8 % an, in einer Umweltschutzgruppe engagiert zu sein,
1993 waren es noch 13 %. Die „Generation 50 plus" hingegen
gehört zu den Umweltpionieren (vgl. Kuckartz u.a. 2007, 29).
Die Beweggründe müssen hier nicht abschließend eingeordnet
werden. Aber die Vermutung liegt nahe, dass es sich hierbei um
einen Kohorteneffekt handelt (vgl. Schahn 2003, 8 f.; siehe auch
Preisendörfer 1999). Wer in den 1970er und 1980er Jahren aufgewachsen ist, wurde in einer Zeit groß, in der die Umweltbewegung

großen Zulauf hatte. Dies kann ein umweltfreundliches Verhalten im Alter bedingen (vgl. ebd.). Für die noch ältere Generation der 1950er Jahre kann die in der Mangelsituation der Nachkriegszeit erlernte Sparsamkeit den Ausschlag zu umweltgerechterem Verhalten geben. Die Jugendlichen heute sind hingegen in einer Konsum- und Mediengesellschaft aufgewachsen, in der andere Themen als Sparsamkeit und Umweltzerstörung den Vorrang haben (vgl. Schahn 2003, 8 f.). Hinzu kommt allerdings auch, dass frühere Generationen von Jugendlichen nicht mit einer dauerhaft hohen Arbeitslosenquote konfrontiert waren und der Übergang in das Arbeitsleben in der Nachkriegszeit noch nie so schwierig war wie heute. Entsprechend fallen globale Themen, wie Umweltprobleme und Umweltschutz, im Vergleich zu Fragen der Existenzsicherung zurück (vgl. Kapitel 3).

5.3 Handlungsoptionen, die Jugendliche betonen

Die geringere Dringlichkeit der Umweltthematik im Jugendalltag beruht dabei nicht auf Unwissenheit. So gibt zumindest die überwältigende Mehrheit der deutschen 15-Jährigen in der OECD-Studie *Green at fifteen* an, dass sie mit den Problemstellungen Luftverschmutzung (98 %), Energieknappheit (92 %), Ausrottung von Pflanzen und Tieren (99 %), Rodung von Wäldern (97 %), Wasserknappheit (93 %) und nuklearem Abfall (93 %) vertraut ist und darin eine Gefahr sieht (vgl. OECD 2009, 51). Spezifischeres Wissen ist allerdings nicht immer vorhanden, unter Schülerinnen und Schüler der 10. Klasse an Hauptschulen und Gymnasien wussten lediglich 41 %, dass Monokulturen den Boden auslaugen (vgl. Braun 2009, 465).

Die OECD-Studie fragt auch danach, wie optimistisch die Jugendlichen wären und ob sie davon ausgingen, dass diese Probleme innerhalb der nächsten 20 Jahre nachlassen. Hier äußern sich nur wenige positiv: Noch am ehesten glauben die Jugendlichen, dass sich der Energieknappheit entgegensteuern lässt, aber selbst hier sind es nur 16 % der Befragten, die daran glauben (vgl. OECD 2009, 53).

Dieser wenig optimistische Blick führt zu der Frage, welche Handlungsoptionen die Jugendlichen überhaupt für sich wahrnehmen. Eine Untersuchung an Gymnasien ergab für Schülerinnen und Schüler der 10. bis 13. Jahrgangsstufe, dass Müll trennen und vermeiden sowie der sparsame Umgang mit Energie (Verkehr, Heizung, Strom) von den Jugendlichen als ökologisches Handeln verstanden wird (vgl. Gräsel 1998, 78 ff.). Zu ähnlichen Ergebnissen bzgl. des Mülltrennens und des Energiekonsums kommt eine Studie über 14- bis 24-jährige österreichische Jugendliche (siehe Abb. 12). Hier werden allerdings noch weitere Konsumfelder abgefragt. So geben 16 % der Befragten an, dass das Essen, das sie kaufen, einen Einfluss auf die Umwelt hat. Auffällig ist, dass 20 % der Befragten keine Angaben machen, was darauf hinweisen kann, dass diese Gruppe Schwierigkeiten hat zu erkennen, in welchen Bereichen sie mit eigenem Handeln Einfluss nehmen kann (vgl. ÖJI 2004, 10).

Wenn danach gefragt wird, in welchem Bereich denn ein eigener Beitrag zum Umweltschutz stattfindet, finden sich dann auch genau die wahrgenommenen Handlungsbereiche wieder (vgl. Kuckartz u.a. 2006, 64). Die Studie *Umweltbewusstsein in Deutschland 2006* zieht hier einen Vergleich zwischen der Gesamtbevölkerung und der Gruppe der 18- bis 24-Jährigen. Die 18- bis 24-Jährigen empfinden ihr eigenes Verhalten in den Handlungsbereichen „Sorgsamer Umgang mit Müll" (73 % zu 65 % der Gesamtbevölkerung) und „Umweltfreundliches Verkehrsverhalten" (33 % zu 26 %) häufiger umweltgerecht als die Gesamtbevölkerung (vgl. ebd.). Schlechter als der Bevölkerungsdurchschnitt schätzen sich die 18- bis 24-Jährigen beim „Sparsamen Umgang mit Energie" (17 % zu 26 %) und beim „Umweltfreundlichen Konsumverhalten" (6 % zu 13 %) ein (vgl. ebd.). Eine solche Selbsteinschätzung zeigt, dass die jungen Erwachsenen in diesen Bereichen um ihre schlechte ökologische Bilanz wissen und somit auch darauf ansprechbar sind.

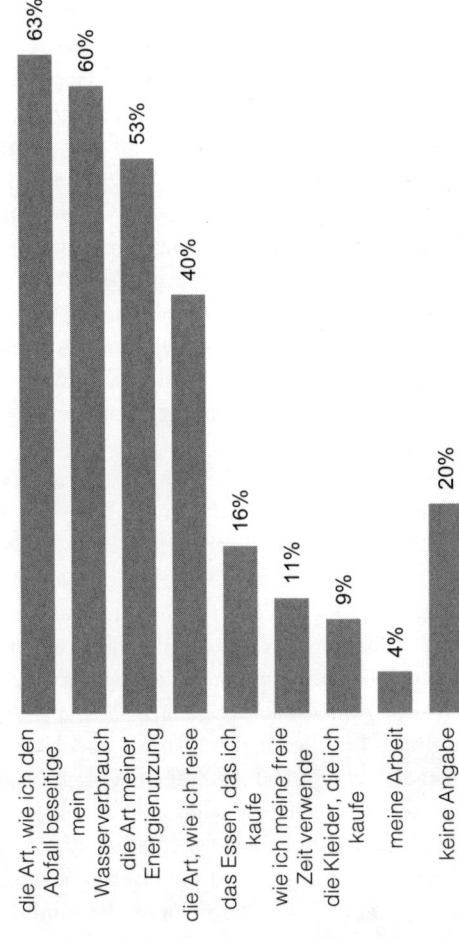

Abb. 12: *Aktivitäten, bei denen Jugendliche einen Einfluss auf die Umwelt sehen*

die Art, wie ich den Abfall beseitige — 63%

mein Wasserverbrauch — 60%

die Art meiner Energienutzung — 53%

die Art, wie ich reise — 40%

das Essen, das ich kaufe — 16%

wie ich meine freie Zeit verwende — 11%

die Kleider, die ich kaufe — 9%

meine Arbeit — 4%

keine Angabe — 20%

Quelle: Österreichisches Jugendinstitut 2004, 10. Den 14- bis 24-jährigen Jugendlichen wurde die Frage gestellt „Welche alltäglichen Umweltaktivitäten haben einen Einfluss auf die Umwelt (Verschmutzung, Lärm, Wasserqualität)?"; N = 1000, Mehrfachnennungen waren möglich.

5.4 Was beeinflusst das Umweltwissen und Umwelthandeln von Jugendlichen?

Wie bereits in Bezug auf Konsum weiter oben angeführt wurde, ist weder das Wissen noch das Handeln der Jugendlichen losgelöst von ihrem sozialen Umfeld zu beurteilen. Einflussfaktoren sind die Familie, die Peers und die schulische Bildung (vgl. Braun 2009, 465). Auch Gegebenheiten wie das Aufwachsen auf dem Land/in der Stadt haben Einfluss: So führt die Selbstverständlichkeit der natürlichen, intakt scheinenden Umgebung auf dem Land zu einer geringeren Wahrnehmung von Umweltproblemen als bei den Heranwachsenden in den Städten (vgl. ÖIJ 2004, 19).

Der *Einfluss des schulischen Werdegangs* zeigt sich zuallererst im Wissensstand der Jugendlichen. So steigt mit dem besuchten Schultyp – von der Berufsfachschule zum Gymnasium – das durchschnittliche Umweltwissen an (vgl. Zubke 2006, 122; siehe Abb. 13).

Die *Familie hat als Ort der Sozialisation einen umfassenden Einfluss* auf die Prägung und Entwicklung der Heranwachsenden. Allerdings nimmt dieser Einfluss im Jugendalter ab, gleichwohl sind auch weiterhin familiäre Faktoren von Bedeutung. So zeigen Kromer und Oberhollenzer in ihrer qualitativen Studie, dass bei 14- bis 18-Jährigen, die einen nachhaltigen Lebensstil entwickeln, immer auch eine bewusste Unterstützung durch die Familie vorliegt (vgl. Kromer/Oberhollenzer 2004, 15; siehe auch Lappe u.a. 2000). In diesen Familien haben Pflanzen und Tiere oftmals einen hohen Stellenwert (vgl. ebd., 18). Auch ist Nachhaltigkeit in einer Familie umso eher Thema, umso höher der Bildungsstand der Eltern ist (vgl. ebd.). Ein entscheidendes Kriterium für den Stellenwert von Nachhaltigkeit – als Luxus, der anderen Lebensbereichen nachgeordnet ist – ist die finanzielle Situation der Familie: Umso höher der Aufwand für die grundlegenden Bedürfnisse, gemessen am Einkommen, um so weniger Raum bleibt für Umweltthemen (vgl. Kromer/Oberhollenzer 2004, 19).

Der *Einfluss der Peers* ist sowohl für das Umweltwissen wie

Abb. 13: *Umweltwissen nach Schultypen bei 15- bis 16-Jährigen*

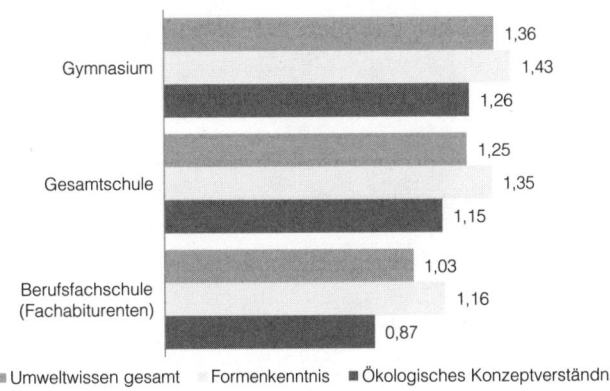

Quelle: Zubke 2006, 122: Mittelwerte der Wissensskalen im Schultypenvergleich (Gymnasium N=1016; Gesamtschule N=282; Berufsfachschule N=140). Ökologisches Konzeptverständnis wurde über das Wissen über Stoffkreisläufe, Ökosysteme und Umweltveränderungen abgefragt (z.B.: Organische pflanzliche und tierische Abfälle, die vollständig zersetzt sind, werden als Humus bezeichnet. Welche Bedeutung hat Humus für den Boden?) Formenkenntnis: Die Befragten mussten anhand von Abbil-dungen Bäume und Vögel identifizieren. Für die 15- bis 16-Jährigen zeigt sich Bildung als größter positiver Einflussfaktor beim Umweltwissen (r = 0,20), einen noch stärkeren positiven Einfluss übt Bildung auf das Umwelthandeln aus (r = 0,40) (vgl. Zubke 2006, 131, 136).

das Umwelthandeln negativ (vgl. Zubke 2006, 131, 136). Eine Auseinandersetzung mit dem Thema Umwelt findet im Freundeskreis normalerweise nicht statt (vgl. Kromer/Oberhollenzer 2004, 27; Lappe u.a. 2000), für die Jugendlichen sind andere Themen wichtiger. Eine Beschäftigung mit dem Thema Umwelt ist zumeist nur bei den Jugendlichen anzutreffen, die sich auch in Umweltorganisationen engagieren (vgl. ebd., 25). Peers könnten allerdings auch einen positiven Einfluss ausüben: Bei Jugendlichen, die in ihrem Freundeskreis oft bzw. sehr oft umweltgerechtes Handeln (z.B. Kauf von Bioprodukten) wahrnehmen, hat dies einen starken positiven Einfluss auf das eigene Handeln (vgl. ÖJI 2004, 13).

Abb. 14:   Umwelthandeln 14- bis 24-Jähriger in Abhängigkeit
ihrer Peers

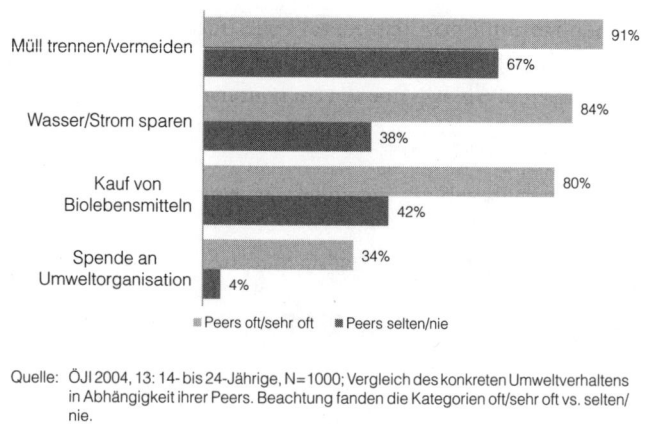

Müll trennen/vermeiden	91% / 67%
Wasser/Strom sparen	84% / 38%
Kauf von Biolebensmitteln	80% / 42%
Spende an Umweltorganisation	34% / 4%

■ Peers oft/sehr oft   ■ Peers selten/nie

Quelle: ÖJI 2004, 13: 14- bis 24-Jährige, N=1000; Vergleich des konkreten Umweltverhaltens
in Abhängigkeit ihrer Peers. Beachtung fanden die Kategorien oft/sehr oft vs. selten/
nie.

Abschließend lässt sich zu den Einflüssen auf das Umweltwissen und -handeln der Jugendlichen festhalten, dass die Wahrnehmung der Peers stärker wirkt als die Wahrnehmung der eigenen Familie (vgl. ÖJI 2004). Konträres Verhalten in Bezug auf Handeln gibt es nur im Bereich Familie, Peers und ihre Mitglieder handeln überwiegend analog.

5.5 Wie Jugendliche Konsum und Nachhaltigkeit verknüpfen

In unserem Forschungsprojekt am Deutschen Jugendinstitut, das Teil des Verbundprojekts „Bildungsinstitutionen und nachhaltiger Konsum" ist, haben wir insgesamt 21 Gruppendiskussionen mit 120 Teilnehmern und Teilnehmerinnen (Hochschulen, Allgemeinbildende Schulen, Berufsbildende Schulen) durchgeführt.

Wir haben die Schüler und Studenten darum gebeten, uns über ihren Konsum zu berichten und zu erzählen, was sie allgemein über Konsum denken. Daran schloss sich ein Diskussionsteil zu den Themen Umweltverbrauch und Nachhaltigkeit an. Ziel dieses qualitativen Vorgehens war es zu erfahren, wie die Jugendlichen und jungen Erwachsenen ihr eigenes Handeln wahrnehmen und begründen und ob ihnen die damit verbundenen Problemstellungen der Umweltschädigung und des Ressourcenverbrauchs im Alltag präsent sind.

Die Gruppen wurden hierfür *nach Bildungsgängen* gebildet, sodass sich die Ergebnisse nach *Teilnehmern aus Berufsfachklassen, Ausbildung, gymnasialer Oberstufe* und *Studierenden* sortieren lassen.

Schüler und Schülerinnen in Berufsfachklassen[1]

Die zumeist weiblichen Teilnehmer in den Gruppendiskussionen beschreiben ihr eigenes Konsumverhalten überwiegend als die Suche nach der richtigen Kleidung. Konsum dient vor allem als Mittel zum Selbstausdruck: So gelten Outfits, die den modischen Anforderungen des Jugendalltags entsprechen, als selbstverständliche Notwendigkeit. Diese hohe Bedeutung des äußeren Erscheinungsbilds geht teils so weit, dass die Mädchen angeben, sich furchtbar zu fühlen, wenn sie mit ihrer Kleidung nicht zufrieden sind. Diese Beschreibungen zeigen eine geschlechtsspezifische Form des Konsums, die von den Mädchen selbst sehr stark betont wird. Der Konsum von Frauen und Männern wird mit teils sehr einfachen Stereotypen – Frauen kaufen Schuhe und Männer wollen Autos – voneinander abgegrenzt. Der Konsum bestimmter Waren spielt somit auch eine wichtige Rolle bei der Identifikation mit dem eigenen Geschlecht.

Die auffälligsten Punkte an diesen Darstellungen zum eigenen Konsum sind die hohe Bedeutung von Äußerlichkeiten, das

---

1 Es handelt sich hier um Jugendliche, deren Wunsch nach einem Ausbildungsplatz nicht realisiert werden konnte. Sie durchlaufen eine schulische Qualifizierungsmaßnahme mit der Intention, ihre eigene Situation bei künftigen Bewerbungen zu verbessern.

Hantieren mit einfachen Stereotypen sowie eine Abneigung, sich mit komplexen Themen auseinanderzusetzen. Auch die Anzahl der Themenfelder – Geschlecht und Aussehen –, auf die die Schülerinnen und Schüler sich beziehen, zeigt einen noch sehr engen Blick auf die Konsumwelt. Die Nachfrage, ob beim eigenen Einkauf teils auch daran gedacht wird, was die Herstellung des Produkts alles nach sich zieht, wird durchgängig verneint. Die Schülerinnen und Schüler wissen zwar um einzelne Effekte von Umweltverbrauch, -verschmutzung und Klimawandel, nutzen diese aber nicht, um das Thema tiefgehender zu diskutieren. Die Verantwortung für Ressourcenverbrauch und Umweltbelastung wird bei jedem einzelnen Menschen gesehen, hieraus ergibt sich aber kein Bezug für das eigene Handeln (Verantwortungsdiffusion). Das Konzept der Nachhaltigkeit ist nicht bekannt.

Auszubildende in dualer/schulischer Ausbildung

Die Auszubildenden betonen vor allem ihren engen finanziellen Spielraum, der den Rahmen für den eigenen Konsum vorgibt. Dies führt zu einem gut durchdachten Einkaufsverhalten, bei dem genau überlegt wird, was wirklich nötig ist. Teils geht dies so weit, dass Selbstvorwürfe entstehen, wenn etwas übereilt und dann ggf. zu teuer gekauft wird. Dabei sehen die Auszubildenden hier selbst eine Entwicklung in ihrem Kaufverhalten. So stellen sie entweder im Abgleich mit der Zeit, als sie bei den Eltern wohnten, oder im Unterschied zu Freunden fest, dass sie selbst früher unbedachter eingekauft haben. Dabei wird von allen – egal ob sie noch zu Hause leben oder bereits ausgezogen sind – das Leben bei den Eltern als einfacher und besser empfunden. Das zeigt, dass die neue Lebensphase durchaus als Anstrengung verstanden wird, was auch das damit einhergehende Konsumverhalten miteinschließt.

Die Unterscheidung von weiblichem und männlichem Konsum fällt in den Gruppen sehr gering aus. Teilnehmerinnen berichten über den Kauf von Artikeln, die Frauen zugeschrieben werden können (Taschen, Schmuck). Die Befragten bezeichnen diese Einkäufe aber selbst nicht als frauenspezifisch. Hingegen wird übertriebener weiblicher Konsum, der mit langen Einkaufsbummeln und einer großen Menge an Schminke gleichgesetzt wird, von den jungen Frauen teils sogar abgelehnt. Am auffälligsten an den Aussagen der Gruppen ist der starke Bezug auf die finanzielle und organisatorische Bewältigung des eigenen Alltags. Dies führt zu einem sehr überlegten Handeln beim Einkauf, der eine hohe Planungskompetenz und somit auch einen hohen Grad an Selbstständigkeit anzeigt. Damit verbunden zeigt sich bei den Auszubildenden auch nur vereinzelt die Notwendigkeit, Konsum als Ausdrucksmittel ihres Selbst zu verwenden.

Die Auszubildenden können Probleme des Ressourcenverbrauchs und der Umweltverschmutzung benennen und die beiden Aspekte miteinander sinnvoll in Verbindung bringen. Hierzu gehört auch, dass die Probleme von der Mehrzahl der Teilnehmer in ihrem globalen Maßstab gesehen werden. Auf die Nachfrage, ob beim eigenen Einkauf mitgedacht wird, was die Herstellung der Waren alles nach sich zieht, antwortet die Mehrheit jedoch mit Nein. Allerdings geben viele der Teilnehmerinnen und Teilnehmer an, dass es eigentlich notwendig wäre, sich darüber Gedanken zu machen. Das Konzept bzw. der Begriff Nachhaltigkeit ist vielen der Auszubildenden bekannt, eine genaue Beschreibung davon können sie aber nicht liefern.

Schüler und Schülerinnen in der gymnasialen Oberstufe

In den Beschreibungen der Schülerinnen und Schüler der gymnasialen Oberstufe zeigt sich Konsum sowohl als weibliches bzw. männliches Verhalten, als Freizeitbeschäftigung (Shoppen), als Notwendigkeit und als etwas, das alltäglich oder Luxus sein kann. *Weibliches Konsumverhalten* wird in den Diskussionen mit den Schülerinnen und Schüler sowohl über spezifische Waren (Kleidung) definiert wie auch mit „Shoppen", dem ziellosen Einkauf als Freizeitbeschäftigung, verbunden. *Männlicher Konsum* wird mit Medien und Technik assoziiert. Allerdings sind die Grenzen fließend, so berichten auch einige Jungen davon, viel für Kleidung auszugeben.

Dem *Konsum als Spaß* und Freizeitbeschäftigung (Shoppen)
steht der Kauf von notwendigen Dingen gegenüber, der auch
Stress bedeuten kann. Die Jugendlichen führen hier Einkäufe
für bestimmte Anlässe (z.B. Tanzball), Geschenke oder alltägliche
Besorgungen an, die sie als anstrengend empfinden. Konsum ist
von daher für die Schülerinnen und Schüler immer dort, wo er
mit Zwang verbunden wird, auch Stress. Eine weitere Einteilung
des eigenen Konsumverhaltens treffen die Schülerinnen und
Schüler mit der Unterscheidung zwischen dem Konsum von
alltäglichen Dingen und „Luxusartikeln". Wo genau hier die
Grenze liegt zwischen Alltäglichem und Luxus, ist nicht genau zu
benennen. Allerdings bezeichnen die Jugendlichen einen Großteil
ihres persönlichen Konsums als Luxus und führen an, dass ihre
Grundbedürfnisse von den Eltern gedeckt werden. Damit entsteht
eine reflektierte Einordnung, die es schafft, den eigenen, von
den Grundbedürfnissen entkoppelten Konsum als Besonderheit
wahrzunehmen, die nicht selbstverständlich ist.

Am auffälligsten an diesen Darstellungen zum eigenen Konsum
ist, dass die Schülerinnen und Schüler nicht nur von ihren Konsum-
erlebnissen erzählen, sondern diese auch in der Gruppe reflektieren.
Die Jugendlichen sind sich bewusst, dass ihr eigenes Konsumverhalten mit ihrer Rolle als Schüler/-in zusammenhängt und sich in
naher Zukunft ändern wird. Dabei haben die Schülerinnen und
Schüler einen sehr weit gefächerten Blick auf das Thema Konsum,
der es ihnen auch erlaubt, reflektiert über ihr Konsumhandeln zu
berichten. Das Konzept der Nachhaltigkeit ist den meisten bekannt.
Die Schülerinnen und Schüler haben ein breites Wissen über die
Problemstellungen des Ressourcenverbrauchs und der Umweltverschmutzung. Damit verbunden zeigt sich auch ein Verständnis für
komplexere Zusammenhänge, wie die Auswirkungen des Konsums
auf den Umweltverbrauch in anderen Ländern. Auf den eigenen
Konsum hat dieses Wissen allerdings kaum Einfluss. Für die Lösung
der Umwelt- und Ressourcenprobleme sehen die Schülerinnen und
Schüler entsprechend neben dem Einzelnen auch Politik, Industrie
und den technischen Fortschritt in der Verantwortung.

Studenten und Studentinnen an Hochschulen

Für die Studentinnen und Studenten, die an den Gruppendiskussionen teilgenommen haben, ist Konsum zumeist negativ konnotiert. Worin der „negative Touch" genau liegt, ist nicht exakt benennbar. Die Studentinnen und Studenten führen hierfür unterschiedliche Auslegungen an: So werden die Schnelllebigkeit und die Ausrichtung auf billige Produkte und die mangelnde Transparenz beim Warenkauf angeklagt. Auch die Verwendung des Konsums, um sich von anderen abzugrenzen, wird kritisch angemerkt. Dabei stellen die Studierenden fest, dass der eigene Konsum durch die Werbung, das soziale Umfeld, die Erziehung und das vorliegende Angebot beeinflusst wird. Diese Einflüsse werden unterschiedlich bewertet: Während die Werbung überwiegend als schlechter Einfluss gilt, wird die eigene Erziehung bzw. das Konsumverhalten der Eltern oft positiv gesehen. Auch das Image von Marken und der Lifestyle werden von den Studierenden als Einfluss auf ihr Konsumverhalten gesehen. Dieser Einfluss wird manchmal als negativ empfunden, aber auch als etwas ganz Normales angeführt, dem nicht zu entkommen ist.

Die Studierenden ziehen für ihren Konsum auch eine Grenze zwischen alltäglichen Dingen und Waren, die nicht unbedingt nötig sind. Teils wird Konsum mit Letzterem gleichgesetzt und bezeichnet somit den Kauf von Gegenständen, die eigentlich „überflüssiger Luxus" sind. Diese Einordnung hat durchaus Einfluss auf das Kaufverhalten der Studierenden, allerdings lässt sich keine klare Trennlinie festlegen zwischen dem, was alltäglich und was „Luxus" ist. Weibliches und männliches Konsumverhalten wird von Studierenden mehrmals unterschieden, allerdings nur in kurzen Anspielungen. Es wird ein unterschiedliches Verhalten von Männern und Frauen beim Einkaufen festgestellt: Frauen achten auf Ästhetik, während Männer auf Funktion achten. Festgefahrene Abgrenzungen entstehen hierbei nicht. Einkaufen gilt etwa sowohl den Studentinnen wie den Studenten als eine angenehme Freizeitbeschäftigung, besitzt aber für beide keinen hervorgehobenen Stellenwert.

Die auffälligsten Punkte daran, wie die Studierenden mit dem Thema umgehen, ist ein hoher Grad an Reflexion. Konsum wird in seinen gesellschaftlichen Formen und Auswirkungen hinterfragt und dabei zumeist negativ gesehen. Die Begründungen hierfür sind so unterschiedlich, dass diese Einschätzung eher eine kritische Grundhaltung anzeigt und nicht als eine vollständige Ablehnung unserer Konsumgesellschaft gesehen werden kann. In Bezug auf den eigenen Konsum tauchen in den Darstellungen der Studierenden immer wieder Entscheidungsprobleme auf. Egal ob Kleidung, Mp3-Player oder die Frage danach, was nun aus Gesichtspunkten der Nachhaltigkeit gekauft werden soll: der Einkauf erfordert immer eine Entscheidung. Aufgrund der Anreize durch die Vielzahl der Produkte (mehr Funktionen als eigentlich benötigt), der vielfältigen Informationen und einer eingeklagten mangelnden Transparenz fällt diese den Studierenden oft schwer. Die Studentinnen und Studenten haben ein sehr hohes Wissen über die Zusammenhänge von Produktion und Konsum und der damit verbundenen Ressourcenproblematik. Entsprechend ist auch das Konzept der Nachhaltigkeit vielen der Teilnehmerinnen und Teilnehmer bekannt. Dieses Wissen bedingt den eigenen Konsum aber nur zum Teil. Vereinzelt geben die StudentInnen an, bei ihrem Konsum mitzubedenken, welchen Weg das Produkt hinter sich hat. Für die Mehrzahl ist dies aber im Augenblick des Kaufs nicht relevant. Die Verantwortung für die Lösung der Umwelt- und Ressourcenprobleme sehen die Studierenden bei unterschiedlichen Akteuren: Sowohl der Einzelne kann verantwortlich sein, aber auch Politik, Industrie und die Forschung im Sinne des technischen Fortschritts werden hier in der Verantwortung gesehen.

Zusammenfassung

Ein erstes Resümee zeigt, dass Umweltprobleme wahrgenommen werden und die Mehrzahl der Gruppen die Auswirkungen der aktuellen Lebensweise auf die Umwelt als problematisch einordnet. Die Benennung der Risiken ist zumeist nicht mit der Bereitschaft zur Änderung des eigenen Lebensstils verbunden. So wird die in der Diskussion von uns eingebrachte Handlungsoption, den eigenen Fleischverzehr zu verringern, in allen Gruppen durchweg abgelehnt. Trotz wiederholter Nachfrage nach der eigenen Rolle als Konsument wird hier bevorzugt generalisierend argumentiert. Etwa so: „die Leute" ließen sich das Fleisch nicht nehmen. Finden lässt sich ein Handlungsbezug hingegen beim Thema Energie. Hier spielen Kostenersparnis und der Einfluss der Eltern eine größere Rolle als die Zukunft der Umwelt. Als wichtiger Befund ist festzuhalten: Nachhaltigkeit scheint für Jugendliche kein vorrangiges Thema zu sein. Die Jugendlichen sehen hier auch keine großen Spielräume für eigenes nachhaltiges Handeln. Andererseits scheint es schultypabhängig in unterschiedlichem Maß zu gelingen, Nachhaltigkeit als wichtigen Gegenstand in der Wahrnehmung von Jugendlichen zu verankern.

Damit stellt sich für uns die Frage: Wie kann auf Jugendliche zugegangen werden, um sie für einen nachhaltigen Konsum zu sensibilisieren? Von unserer Projektidee ausgehend, die den nachhaltigen Konsum befördern will, erweist sich Konsum als nichtnatürliche Selbstverständlichkeit. Das heißt, er erfolgt bevorzugt beiläufig, ohne dass der Vorgang des Einkaufens besondere Beachtung erhält. *Eine Sensibilisierung für nachhaltigen Konsum kann am ehesten gelingen, wenn Jugendliche sich gewahr werden, dass es eben nicht selbstverständlich, nicht natürlich und nicht zwingend ist, sich mit Konsumartikeln zu umgeben.* So könnte vor allem die Wahrnehmung Jugendlicher im Hinblick auf lokale und globale Umweltrisiken und für die Optionen individuellen nachhaltigen Konsums gefördert werden. Es geht also darum, den Blick der Jugendlichen zu öffnen, nicht aber darum, ihnen spezifisches Verhalten vorzuschreiben oder widersprüchliches Verhalten anzuprangern.

6. Für Nachhaltigkeit sensibilisieren

Nachhaltigkeit muss, wenn sie zum gelebten Alltag anschlussfähig sein will, an die individuellen Lebenswelten andocken.
Das heißt, dass die Alltagswelt und das Handeln der Einzelnen
der Bezugspunkt für nachhaltige Angebote sein muss. Ein
Ansatz hierzu ist die Ausarbeitung der Bedingungen für eine
nachhaltige Konsumkultur für ein spezifisches Umfeld, etwa
für Bildungseinrichtungen (vgl. Fischer 2008). Zu beachten ist
hierbei, dass das Alltagshandeln letztlich immer inkonsistent
ist. Gelebt wird damit, dass sich viele unserer Handlungen
(z.B. Fast-Food essen und Diät-Joghurt kaufen) widersprechen,
sobald sie unter streng logischen Gesichtspunkten bewertet werden
(vgl. Berger/Luckmann 2003, 45 ff.). Entsprechend finden sich
auch in umweltbezogenen Handlungsmustern Brüche: wer Müll
trennt, fährt deshalb noch nicht weniger Auto (siehe auch Poferl
u.a. 1997; Lappe u.a. 2000[1]). Wie agiert wird, hängt sowohl
vom Wissensstand des Einzelnen wie auch von der aktuellen
Situation und der Relevanz, die bestimmtes Wissen in dieser
hat, ab (vgl. auch Schütz/Luckmann 1979, 139 ff.). Ein logisch
durchgängig bruchloses Alltagshandeln ist real nicht zu haben.
Das ist auch der Grund, weshalb wir von Sensibilisierung und
nicht von Aufklärung sprechen. Aufklärung geht davon aus,
dass Information und ausreichende Gelegenheiten genügen, um
anvisierte Ziele (z.B. nachhaltigen Konsum) umzusetzen. In der
lebensalltäglichen Gemengelage, in der handelnde Akteure sich
befinden, ist die Situation komplizierter. Und für Jugendliche,

---

1 Inkonsistentes Umwelthandeln war hier die leitende Forschungsfrage.

die sich in einem speziellen Lebensabschnitt befinden und mit vielen parallellaufenden Zuordnungen (Körper, Freunde, Zukunft, Ablösung) befasst sind, ist die Lage noch einmal verkompliziert. Deshalb scheitern Aufklärungsversuche hier oftmals. Bei der Sensibilisierung soll stattdessen vor allem auf die Wahrnehmung der Problemlage abgestellt werden, ohne damit zugleich umfassend über Bedingungen und Folgen aufzuklären. Auch sollen Angebote für den Umgang mit Problemen sichtbar gemacht und Handlungsmöglichkeiten aufgezeigt werden.

6.1 Typen nachhaltigen Konsums

Um diesen Brüchen im alltäglichen Handeln gerecht zu werden, nehmen wir eine methodische Unterteilung von Handlungsabläufen in die *(I) Wahrnehmung von Umweltrisiken,* deren *(II) interpretative Verarbeitung* und die *(III) Umsetzung von wahrgenommenen und verarbeiteten Risiken in lebensalltägliches Handeln* vor. Mithilfe dieser Unterteilung haben wir nachstehend, zum Teil auf Basis einer älteren empirischen Untersuchung am DJI, zum Teil vor dem Hintergrund der durchgeführten Gruppendiskussionen im Rahmen des Projekts *Jugend, Nachhaltigkeit und Konsum,* versucht, vier Typen gegeneinander abzugrenzen. In dem nachfolgenden Tableau werden folgende Typen unterschieden:

(1)   nachhaltige Konsumenten,

(2)   Delegierer/Rhetoriker,

(3)   inkonsistente Konsumenten (das sind die normalen Konsumenten),

(4)   Zweifler.

Abhängig vom „Nachhaltigkeitstypus" wird die Sensibilisierung für nachhaltiges Handeln unterschiedlich, sprich typspezifisch ausgelegt sein müssen. Bei *nachhaltigen Konsumenten* wird es vor allem darum gehen, Informationen bereitzustellen, mit denen die Wahrnehmung von Umweltbelangen vereinfacht oder verstärkt wird. Die Informationen sollen die bewusste Verarbeitung von Handlungsnotwendigkeiten plausibilisieren. Im Falle der *Delegierer* wird es darum gehen, nicht nur für die Wahrnehmung von Umweltrisiken zu sensibilisieren, sondern auch Ansatzpunkte für eigenes Handeln aufzuzeigen. Es muss deutlich gemacht werden, dass es nicht genügt, anderen Verantwortlichkeiten und Zuständigkeiten zu übertragen.

Bevor die Konstruktion geeigneter Sensibilisierungsmethoden weiter beschrieben wird, werden die vier Typen in ihren grundlegenden Charakterzügen definiert. Es geht darum, sichtbar zu machen, an welchen Wahrnehmungs-, Verarbeitungs- und Handlungspunkten die Sensibilisierung angesetzt werden kann.

Ein erstes Merkmal der Unterscheidung der vier Typen (Abb. 15, siehe S. 114 f.) ist ihre Konsistenz bezüglich der Wahrnehmung von Umweltproblemen, deren Verarbeitung und die aktive oder ausbleibende Umsetzung in Handeln. Diese Umsetzung der Prozesse Wahrnehmung und Verarbeitung lässt sich als problembewusstes Handeln zusammenfassen. Konsistenz meint in diesem Zusammenhang die Gleichförmigkeit von umweltrelevanten Einstellungen und dem entsprechenden Handeln, Inkonsistenz bedeutet den Bruch und die fehlende Konsequenz zwischen Einstellungen und dem eigenen Handeln (vgl. Lappe u.a. 2000).

(1) Der nachhaltige Konsument ist im Hinblick auf Wahrnehmung, Verarbeitung und Handeln in Bezug auf nachhaltigen Konsum so weit wie möglich konsistent.

Er interessiert sich für die umweltrelevanten Probleme im Nah- und Fernbereich gleichermaßen und hat die Fähigkeit, sein Wissen auch auf komplexere Probleme und größere Zusammenhänge zu abstrahieren. Er fühlt sich frei, sein Konsumverhalten und seine Maßnahmen für den Schutz der Umwelt zu wählen und setzt sich im Diskurs mit anderen Menschen über diese Themen auseinander. Eigene positive Naturerlebnisse verstärken die Wahrnehmung des Zustands der Natur auf emotionaler und kognitiver Ebene. Naturzerstörung löst bei diesem Typus Dissonanz aus. Mit hohem Selbstanspruch fungiert er als „sozialer Kontrolleur" für die Handlungen in seinem Umfeld und handelt

Abb. 15: Typen (nachhaltigen) Konsums abhängig von Wahrnehmung, Verarbeitung und Handeln

Bewusstsein	Wahrnehmung (I)	Verarbeitung (II)	Handeln (III)
Typ	Nah/Fern/Konsum	Nah/Fern/Medien/Konsum	Nah/Fern/Konsum
Nachhaltiger Konsum	• sehr interessiert • sehr reflexiv/differenziert • Unterscheidung: ich/wir • sensible Doppelqualität im Naturerleben und der Umweltzerstörung (Dissonanz) • Naturerleben individuell und intensiv • optionale Wahrnehmung des Handelns (kann/darf) • Verbindung von Mikro- und Makroebene, auch im Betrieb	• kritisch/selbstbewusst • selektiv • persönliche Relevanz (emotional/kognitiv) • internalisierend • Dissonanz Naturerleben vs. Umweltzerstörung • Transfer lokal/global • durch Informationen konstruktiv angeregt • solidarischer Gedanke von Mikro- auf Makroebene	• eigenverantwortlich/aktiv • hoher Selbstanspruch • „soziale Kontrolleure" • „super konsistente" mit analogen Handlungsketten • Einzelkämpfer • Transferleistung der Handlung von Mikro- auf Makroebene bewusst • kritisch aufklärend • diskursiv im sozialen Umfeld
Delegierer/ Rethoriker	• kaum interessiert • undifferenziert • abgestumpft • Abspaltung in „ich",„man" • eingeschränktes Naturerleben als „funktional" • Unsicherheit über Kompetenz und Zuständigkeit • legalistisch als Problem der Kontrolle/Reglementierung • Umweltproblem als „Ordnungsproblem" • keine Differenzierung von privaten und öffentlichen Bereichen	• plakative Verarbeitung • kein „ICH"-Bezug hergestellt • sozial kontrolliert • generalisierend • externalisiert die Zuständigkeit für Probleme • „selflabeling" als inaktiv • legalistische Argumentation • Hierarchisierung der Problematik (oben vs. unten) • Desorientierung/Abspaltung • erhöhte Reizschwelle • polarisierend • Negation • Abstumpfung	• inaktiv • delegiert an Andere • analoges Delegieren in der Familie und im Öffentlichen • Handlungsverweigerung • aktiv und passiv (nicht tun und nicht können) • Fremdverantwortlichkeit • Asymmetrie ich/andere • Handlungslähmung durch legalistische Verarbeitung • Musterübertragung von Mikro- auf Makroebene • Zuständigkeitsfrage forciert Kompetenzmangel

Bewusstsein	Wahrnehmung (I)	Verarbeitung (II)	Handeln (III)
Typ	Nah/Fern/Konsum	Nah/Fern/Medien/Konsum	Nah/Fern/Konsum
Inkonsistenter Konsument	• umgekehrte Proportionen des Interesses von nah/fern • differenziert im Nahbereich • generalisiert im Fernbereich • unkritisch im Fernbereich • kritisch im Fernbereich • in verschiedenen paradoxen Umkehrungen Inkonsistenzen zwischen Verarbeitung und Handeln – Spaltung ich/andere • Bruch zwischen Mikro- und Makroebene • Asymmetrie privat/öffentlich	• differenziert/spezialisiert • hohes Detailwissen • hohes Problembewusstsein • Bruch zwischen nah/fern • Bruch zwischen Problemvermittlung nah/medial • Bruch zwischen ich/andere • Abstumpfung (Overflow) durch Beschäftigung mit der Problematik • unkritisch im Fernbereich • multiple Inkonsistenzen • mangelnde Erkenntnis eigener Leistungen	• gegenläufige Handlungsformen durch verschiedene Inkonsistenzen • Fall 1: Nahbereich internalisiert vs. Fernbereich externalisiert • Fall 2: Privatbereich externalisiert vs. Öffentlich internalisiert • Fall 3: Nahbereich automatisiert vs. Fernbereich resigniert • intrapersonale Interessenkonflikte spiegeln sich hier
Zweifler	• desinteressiert • unreflektiert • verschlossen • generalisierend • Natur als privates Idyll ohne globalen Zusammenhang betrachtet • Spaltung ich/man • Keine Verbindung von Mikro- und Makroebene • Symmetrie zwischen privat und öffentlich	• generalisierend ich/andere • keine Dissonanz • keine Argumentation • keine Diskussion • keine Differenzierung • Natur als Symbol reduziert • „zwangssozialisiert" zum Umgang mit der Problematik • keine Legitimation für ein „ich" oder „wir" (als Akteure) • destruktive Medienwirkung (Abstumpfen/Entmutigen)	• nicht aktiv, Ablehnung der Eigeninitiative privat/öffentlich • keine Motivation durch die mangelnde Verarbeitung der Umweltprobleme • konstante Verweigerung im Jetzt und in der Zukunft • nur aus sozialer Erwünschtheit (social desirability) • Abkehr vom Problem, Rückzug ins private Idyll

Quelle: Eigene Zusammenstellung.

selbst aktiv. Dass Leistungen auf kleiner Ebene großen Nutzen im globalen Zusammenhang haben können, ist ihm bewusst und er lässt sich durch die Berichterstattung der Medien eher anspornen als entmutigen. Das Konsumverhalten des nachhaltigen Konsumenten strahlt auf sein Umfeld aus, sein beispielhaftes Verhalten bewirkt im Familienbereich und vielleicht noch stärker bei den Peers Einstellungs- und Handlungsänderungen. Die Diskussionsbereitschaft des nachhaltigen Konsumenten führt dazu, dass auch seine sozialen Kontakte ihr eigenes Handeln überdenken und gegebenenfalls ändern. Sowohl kleine als auch größere Konsumgewohnheiten im alltäglichen Leben führen zu einer erhöhten Internalisierung der Handlungsbereitschaft in den Bezugsgruppen. In Mobilitätsfragen bspw. steckt der aktive, nachhaltige Konsument seine Familienmitglieder und Freunde regelrecht an, wenn es um die Wahl des Fahrrads als Beförderungsmittel geht, um Erledigungen im nahen Umfeld zu bewerkstelligen. Auch die Nutzung öffentlicher Verkehrsmittel bewirkt in der Peergroup eine hohe Resonanz und die Umstellung vom Autofahren auf Bus oder Bahn wird mit der Gruppe realisiert. Der nachhaltige Konsument integriert die Bereiche der öffentlichen Diskussion über Energiesparen in sein Leben und das Familienleben, indem er quer durch alle Medien und das Internet recherchiert, welche Leuchtmittel und Glühbirnen im Haushalt durch sparsamere Varianten ersetzbar sind, diese selbst besorgt und andere bittet, ihm dies gleichzutun. Der nachhaltige Konsument glaubt an die Kraft der kollektiven Handlung, verlässt sich dabei aber nicht auf andere, sondern trägt selbst seinen Teil zu dem Ganzen bei. Seine Motive für nachhaltigen Konsum will er mit anderen Menschen teilen, die offenen Einstellungen und aktiven Handlungen können hier als äußerst konsistent beschrieben werden.

(2) Völlig konträr dazu offenbart sich der Delegierer. Er interessiert sich kaum für Probleme der Umwelt im Nah- und Fernbereich, vermittelt diese undifferenziert und plakativ und neigt zur Generalisierung sowohl der Probleme selbst als auch der handelnden Akteure. Die Natur beschreibt dieser Typus als

funktional gegebenes Element. Wer für den Schutz der Natur zuständig ist, kann er nicht klar formulieren. Deutlich ist, dass er sich selbst nicht dafür zuständig sieht. Formulierungen aus der „man"-Perspektive externalisieren die Handlungen vom eigenen Ich weg. Die Aufbereitung der Gründe, warum nichts in den eigenen Verantwortungsbereich fällt, macht ihn zum Rhetoriker ohne eigene Handlungen. Umweltprobleme werden als Ordnungsproblem gesehen: Reglementierung und Kontrolle, folglich auch die Verantwortlichkeit, werden damit der politischen Ebene zugeschrieben. Im familiären und betrieblichen Bereich sind ebenfalls andere dafür zuständig, die Regeln aufzustellen, diese zu befolgen oder andere dafür zu rekrutieren. Der Freundeskreis sieht das Problem der Verantwortlichkeit ebenfalls immer bei anderen anstatt in der eigenen Peergroup. Fremdverantwortlichkeit kennzeichnet die Konsistenz des rhetorischen Delegierers in Bezug auf Wahrnehmung, Verarbeitung und Handeln. Neben einer Desorientierung bezüglich eigener und fremder Kompetenzen polarisiert der Delegierer in Dimensionen wie oben und unten und groß und klein, die Medien erhöhen mit der Thematisierung von Umweltproblemen seine Reizschwelle und er wird durch die Quantität der Informationen abgestumpft. Die geschickte rhetorische Argumentation setzt der Delegierer vor allem auch im konkreten Bezug auf seinen eigenen nicht nachhaltigen Konsum ein. Er kann stets genügend plausibel erscheinende Gründe konstruieren, warum die eigene Handlung nicht die ausschlaggebend wichtige Handlung angesichts der Entscheidungen von Großkonzernen und der Politik ist. Das Delegieren der Problematik lenkt dabei von dem eigenen nicht nachhaltigen Konsum ab und schützt gleichzeitig den Freundeskreis und die Kontakte, die zustimmend mitdelegieren. Mülltrennen sollen demnach diejenigen, die sich sicher sind, dass das „duale System" und der „grüne Punkt" kein Betrug sind. Energiesparen sollen diejenigen, die auch in der Regionalpolitik die anliegenden Unternehmen dazu motivieren können. Ist der Delegierer von dem Nutzen von nachhaltigem Konsum in Teilaspekten überzeugt, so sollte dies verstärkt werden.

Hier gilt es Vorzüge aufzuzeigen, z.B. Kostenersparnis u.Ä. Die Einstellungen des Delegierers sind denen des Zweiflers teilweise sehr ähnlich. Der Delegierer rationalisiert seine unterlassene eigene Handlung durch die Anderen und gibt gerne Ratschläge.

(3) Der inkonsistente Konsument: Es gibt viele verschiedene Varianten von Inkonsistenz, allen gemeinsam ist ein Bruch zwischen der Verarbeitung und dem eigenen Handeln.

Für den inkonsistenten Konsumenten, der den Normalfall beschreibt, zeigen sich diese Brüche etwa in einem Missverhältnis von Nah- und Fernbereich: Teilweise ist er sehr interessiert und mit spezialisiertem Fachwissen über die Umweltthematik im Fernbereich ausgestattet, während Probleme im Nahbereich völlig übersehen werden; andererseits kann der inkonsistente Mischtyp von einem globalem Pessimismus überwältigt sein, während er in der Familie und Freizeit durchaus nachhaltig handelt, dies aber durch eine Handlungsautomation nicht selbst wahrnimmt und nicht in Bezug zu globalen Problemen setzen kann. Intrapersonale Interessenkonflikte spiegeln sich beim Mischtypus wider. Die Informationsdichte über die Umweltthematik bewirkt trotz hohem Detailwissen einen Überfluss und eine Abstumpfung gegenüber den medial vermittelten Problemen. Der Zweifel an der Wirksamkeit der eigenen Leistung verhindert auch den Glauben an eine koordinierte Gesamtwirkung auf globaler Ebene. Das Handeln ist teilweise in den verschiedenen Lebensbereichen genauso asymmetrisch verteilt wie die Wahrnehmung und Verarbeitung von Umweltproblemen auf Mikro- und Makroebene. Als inkonsistent ist damit auch die Nachhaltigkeit des Konsums zu beschreiben. Eine Jugendliche beschreibt ihren (Konsum-)Alltag als hochgradig nachhaltig orientiert, sieht dies gleichzeitig als Normalität, aber auch als sinnloses Verhalten gegenüber den großen Problemen wie Treibhausgasen und globale Erwärmung an. Die Inkonsistenzen können zwischen verschiedenen Einstellungs- und Handlungsaspekten liegen, allen gemeinsam ist jedoch die fragile Struktur der Handlungskette.

Eine gänzliche Vermeidung von Inkonsistenzen erscheint nicht möglich. Allerdings lässt sich mit Wissensvermittlung und

Sensibilisierung das Konzept von Nachhaltigkeit befördern. Im Hinblick auf Jugendliche heißt dies, es geht nicht um abgehobene Wissensvermittlung, sondern darum, Jugendliche dort abzuholen, wo sie ihren Alltag leben, im Verein, im Event, an der Schule.

(4) Der letzte Typus ist der Zweifler, der vor allem durch seine Darstellungen von generellem Desinteresse an Umweltproblemen äußerst konsistent wirkt, was seine Einstellungen und sein Handeln betrifft. Der Zweifler äußert sich, wenn er dies tut, unreflektiert, verschlossen und generalisierend bezüglich seiner Wahrnehmung der Problematik in seinem eigenen Lebensbereich und im globalen Kontext. Rückzug ins private Idyll ist seine Strategie der Verarbeitung dieser Themen. Das Desinteresse im privaten und nicht-privaten Bereich ist analog. Er fühlt sich „zwangssozialisiert", wenn er mit der Umwelt als Diskursthema umgehen muss. Die Medien verstärken den Zweifel nach dem Sinn der Debatte und wirken äußerst destruktiv auf die Ebene des Handelns. Die Zweifel an der Sachlage an sich und der Beeinflussbarkeit im Detail lähmen diesen Typus und er lehnt jegliches Engagement ab, delegiert es nicht einmal an andere. Hauptgrund für die mangelnde Motivation eigener Handlungen liegt hier in der fehlenden Verarbeitung der wahrgenommenen Umstände. Nachhaltiger Konsum wird als Maßnahme verstanden, um Schäden zu reduzieren oder zu „reparieren", nicht um diese zu verhindern. Die Zukunftsperspektive ist in die Wahrnehmung nur mangelhaft integriert. In Bezug auf das eigene Leben wird nachhaltiger Konsum oft nicht für nötig empfunden, da die lebensalltägliche Umwelt intakt scheint und der Horizont auf diese Welt beschränkt bleibt („Bei uns gibt es noch genügend Bäume…"). Der Zweifler sieht das Abschmelzen der Polkappen tendenziell als Medienhysterie, was betreffen ihn selbst Eisschollen, die er nie gesehen hat? Jegliche abstrakt erscheinenden Themenkomplexe wie Ressourcenknappheit, CO_2-Belastung und Klimaveränderungen werden aus dem eigenen Leben ausgeblendet, was die Verweigerung von nachhaltigem Konsum wesentlich vereinfacht. Sollte tatsächlich nachhaltiges Handeln vollzogen werden, so aus sozialer Erwünschtheit heraus, um negative Sanktionen des

sozialen Umfelds zu vermeiden. Soziale Kontrolle ist die einzige
Motivation des Zweiflers für nachhaltigen Konsum. Dies macht
den Einfluss der Familie und der Peers für eine (nachhaltige) Ver-
haltensänderung umso größer und wichtiger.

Die Typologie macht deutlich, inwiefern das beschriebene
Verhalten sich auf Konsumverhalten übertragen lassen kann und
dort gespiegelt wird. Die Verantwortung als Einstellung und die
jeweiligen Identitätskonstruktionen als deren Bedingung stehen
in enger Verbindung mit zukunftsbezogenem Handeln in der
Gegenwart. Anhand der Typologie lassen sich erste Hypothesen bezüglich des nachhaltigen Konsums von Jugendlichen formulieren:

- Nachhaltiges Verhalten ist gebunden an die Einstellung der
  Jugendlichen.
- Die Einstellungen der Jugendlichen sind ähnlich zu den Einstellungen der Familienangehörigen und der Peers.
- Die Qualität der Wahrnehmung und Verarbeitung von Um-
  weltproblemen ist die Basis von nachhaltigem Konsum.
- Verantwortungsbewusstsein für nachhaltigen Konsum ist
  unterschiedlich stark auf die Lebensbereiche „privat" und
  „öffentlich" verteilt.
- Eigener nachhaltiger Konsum wird unterschiedlich stark sub-
  jektiv wahrgenommen und mit unterschiedlichen Sinnbezügen
  verbunden.
- Die Einstellung der Jugendlichen kann im Widerspruch zu
  dem eigenen nachhaltigen Konsum stehen.
- Nachhaltiger Konsum wirkt von dem sozialen Umfeld über
  Individuen auf das weitere Umfeld in einem zirkulären Prozess.

Die oben beschriebenen Typen sind als eine idealtypische Zusammenfassung von Merkmalen zu verstehen. Die möglichen Ansatzpunkte für nachhaltigen Konsum werden so besser sichtbar. Die
in der sozialen Wirklichkeit vorkommenden Typen nachhaltigen
Konsumverhaltens sind eher der inkonsistente Mischtyp als der
konsistente nachhaltige Konsument oder der reine Delegierer
oder Zweifler. Die klare Trennlinie dieser Typen dient hier der
Abgrenzung der Idealtypen, entspricht aber nicht der empirischen

Repräsentation von Jugendlichen. Einzelne Fallbeispiele erfüllen zwar teilweise fast alle Eigenschaften der erläuterten Idealtypen, die größere Menge der Jugendlichen liegt jedoch zwischen diesen wissenschaftlichen Rekonstruktionen.

Die durchgeführten Gruppengespräche (vgl. 5.4) gestatten es aber, einige Befunde mit diesen Idealtypen abzugleichen. Tendenziell sind nachhaltige Konsumenten eher unter den besser Qualifizierten zu finden, d.h., dieser Typus ist in der gymnasialen Oberstufe und bei Studierenden vertreten. Bei diesen befragten Gruppen ist Konsum selbst Gegenstand von Reflexion. Geht man im Bildungsniveau nach unten, ist eine Zunahme der Zweifler/ Desinteressierten und der Delegierer/Rhetoriker festzustellen. Hier ist nicht die eigene Stellung zum Konsum und die Reflexion über Konsum bedeutsam, sondern der Konsum selbst ist Ausdrucksmittel der Person (es geht um Stilisierung der Person und Shopping als Zeitvertreib). Von den Auszubildenden wird zudem Konsum häufiger als Notwendigkeit angeführt, es wird mit Zwangsläufigkeiten argumentiert. Für diese verschiedenen Wahrnehmungen und Dispositionen in Bezug auf Konsum und Nachhaltigkeit gilt es, im Dienste der Nachhaltigkeit unterschiedliche Strategien zu entwickeln, um die Jugendlichen für nachhaltigen Konsum zu sensibilisieren und dauerhaft zu motivieren.

6.2 Schritte zum nachhaltigen Konsum

Die oben skizzierten Typen nachhaltigen Konsums sollen Folgendes leisten: (1) Verdeutlichen, dass es Inkonsistenzen von Handeln und Wissen gibt, gerade wenn es um nachhaltigen Konsum geht. (2) Es soll verdeutlicht werden, worin die typisierenden Unterschiede bestehen können, d.h. inwieweit Wahrnehmung, Verarbeitung und Handeln eine je unterschiedliche Zuschneidung erfahren und wie solche unterschiedlichen Verhaltensdispositionen motiviert sind. (3) Es kann versucht werden, auf solcher Grundlage unterschiedliche Zugänge für die Vermittlung einer nachhaltigen Konsumpraxis zu generieren. Denn eine Änderung der je eigenen

Verhaltensweisen und eine Umstellung des Konsumverhaltens in eine nachhaltige Richtung können nur vor dem Hintergrund eines interpretativen Rasters gelingen.

Konkret müssen die *nachhaltigen Konsumenten* anders als die *Delegierer,* die *inkonsistenten Mischtypen* und die *Zweifler* angesprochen werden. Um dies zu veranschaulichen, werden nachstehend zu den skizzierten Typen einige Umsetzungsvorschläge angeführt.

Für Typ I, den *nachhaltigen Konsumenten,* geht es vor allem darum, seine Suche nach Wissen für nachhaltiges Handeln zu unterstützen. Für ihn bietet es sich an, den Zugang zu Fachwissen und neuesten Informationen über die Möglichkeiten nachhaltigen Handelns zu verbreitern. Für ihn gilt, dass familiäres, peer-spezifisches und institutionalisiertes (Schule, Ausbildung) Feedback großen Einfluss auf sein eigenes Handeln und die Wahrnehmung und Verarbeitung von Umweltthemen hat. Diese Alltagsverankerung gilt es zu verstärken. Da der nachhaltige

Abb. 16:   Idealtypen und Sensibilisierungsansätze

Nachhaltiger Konsument	Inkonsistenter Konsument	Delegierer/ Rhetoriker	Zweifler
Überzeugt von der Machbarkeit und Wirkung nachhaltigen Konsums	Inkonsistenz I: Differenz zwischen eigenem nachhaltigem Handeln und globalen Problemen	Verantwortung wird bei den Anderen gesehen	Uninteressiert und empfindet das Thema Umwelt/Nachhaltigkeit als etwas Aufgezwungenes
⇩	⇩	⇩	⇩
Engagiert im eigenen Handeln und in der Verbreitung der Idee der Nachhaltigkeit	Inkonsistenz II: Differenz zwischen der Nachhaltigkeit des Handelns in einzelnen Lebensbereichen	Eigenes Handeln wird im Abgleich mit Politik und Industrie als irrelevant dargestellt	Betrachtet die Darstellungen der Umweltproblematik in den Medien als übertrieben. Komplexe Themen stoßen auf Ablehnung
⇩	⇩	⇩	
Unterstützung durch Anerkennung und Informationszugang	Verknüpfungsmöglichkeiten zwischen Lebensbereichen und zwischen Nah- und Fernbereich aufzeigen. Wertschätzung für eigene Handlungen schaffen	Auf Eigeninteressen ansprechen: z.B.: Nachhaltigkeit durch Energie- und damit zugleich Geldsparen	Ansprache mit kurzen, einfachen Materialien. Peers als Verstärker einbeziehen

Quelle: Tully/Krug 2010.

Konsument die Umweltproblematik intrinsisch verarbeitet, sucht er danach, nachhaltiges Tun selbstständig in sein Alltagshandeln zu integrieren. Um diese Motivation sicherzustellen und zu unterstützen, sind die Wahrnehmung und positive Zustimmung wichtig. Möglicherweise lässt sich diese Vorbildfunktion des nachhaltigen Typus durch Anerkennung des sozialen Umfelds auch für andere attraktiv gestalten.

Typ II, die *rhetorischen Delegierer,* müssen vor allem darüber aufgeklärt werden, dass individuelle Einzelhandlungen sich als umweltgerechtes Verhalten oder umweltschädigendes Verhalten akkumulieren. Ihnen muss aufgezeigt werden, dass sie nach dem Prinzip der Delegation auf richtiges Handeln Dritter setzen. Wichtig ist, dass ihnen die Differenz von Delegation und angemessenem Handeln verdeutlicht wird. Die Externalisierung von Verantwortung muss deutlich gemacht werden. Oft scheint es dem Delegierer nicht bewusst zu sein, dass er anderen die eigene Verantwortung überträgt. Auch hier gilt es, auf die lebensalltäglichen Nahbereiche (Familie, Freundeskreis und Schule) zu setzen. Ein gezieltes „mach das doch mal selber" könnte helfen. Soziale Anerkennung ist auch hier als Belohnungsprinzip funktional, um nachhaltigen Konsum zu fördern.

Typ III, den *inkonsistenten Mischtypen,* muss in erster Linie vermittelt werden, dass ihre Handlungen ambivalent sind. Viele Brüche und Widersprüche des eigenen Verhaltens scheinen dem Inkonsistenten selbst nicht bewusst zu sein und müssen zunächst erfragt werden, bevor er selbst nach den Gründen der Handlungsunterschiede suchen kann. Es gilt hier klarzustellen, dass nachhaltiger Konsum nicht nur in einem Lebensbereich verfolgt werden kann, sondern alle Aspekte des Lebensalltags umspannt. Da oft die eigenen erbrachten und durchweg positiven Leistungen im Umweltschutz übersehen oder heruntergespielt werden, muss auch der Mischtyp von außen motiviert werden, den Zweck seiner Handlung und Haltung wertzuschätzen.

Typ IV: Da *Zweifler* die Umweltprobleme als unabhängig vom eigenen Leben sehen, werden diese ungenügend wahrgenommen.

Folglich geht es darum, ggf. Problemfälle bezogen auf diesen Alltag aufzuzeigen. Bei Zweiflern kommt es darauf an, wie die Information „verpackt" ist, damit er sie für relevant erachtet. Dazu zählen die optische Präsentation von Informationen und die inhaltliche Übersetzung in eine Sprache, die verständlich und milieuspezifisch formuliert ist. Für den Zweifler müssen vermehrt in Modellen, Videoclips, kurzen Artikeln Handlungen und deren ökologische Wirkung aufgezeigt werden. Ebenso ist es wichtig, positive Vorhaben mit Modellqualität in den Blick zu rücken.

Generell gilt es, die Machbarkeit aufzuzeigen. Allen vier Typen kann nachhaltiger Konsum anhand von Alltagsbeispielen aufgezeigt werden. Ernährung und Mobilität sind zentrale Ansatzpunkte für nachhaltigen Konsum. Während bei der Mobilität die Wahl des Verkehrsmittels noch sehr offensichtliche Bezüge zur Umwelt herstellt, verhält es sich mit der Ernährung subtiler. Erläutert man den Jugendlichen diese Zusammenhänge im Ansatz, begreifen sie, wie sehr der Konsum im alltäglichen Leben Auswirkungen auf andere Teile der Welt und die Erde als Ganzes haben kann. Fleisch ist als Nahrungsmittel mit enorm höheren Energiekosten für die Produktion verbunden als Gemüse, allein die Reduktion von Fleischkonsum würde die CO_2-Bilanz schon erheblich entlasten. Verdeutlicht man den Jugendlichen, dass die argentinische Fleischproduktion für den europäischen Markt das Klima global beeinflusst, leuchten die Zusammenhänge ein. Auch wo und zu welchen Bedingungen die Nahrungsmittel produziert werden, kann die Umwelt sowohl regional als auch global beeinflussen: In Andalusien produziertes Gemüse, das bei uns auch im Winter günstig erhältlich ist, belastet die ohnehin knappen Wasserressourcen dieser Region extrem. Eine Alternative ist der Kauf regionaler Wintergemüse, also ein saisonales Konsumverhalten.

Delegierern, inkonsistenten Konsumenten und Zweiflern muss hierbei vermittelt werden, dass Nachhaltigkeit nicht gleichbedeutend ist mit Verzicht. Vielmehr bedeutet nachhaltiges Konsumieren den bewussten Blick für die Produktqualität zu entwickeln: Jugendlichen müssen die Zusammenhänge zwischen Konsum und Ressourcenverbrauch am eigenen Lebensalltag ansetzend vorstellig gemacht werden. Ein Ansatzpunkt ist, die Auswirkungen des Konsums auf andere Teile der Welt deutlich zu machen: Und dies am besten dort, wo es vor Ort beim Konsum sichtbar wird (z.B. Veränderung des Fischangebotes in der Tiefkühlabteilung). Es kann, wo finanziell möglich, bei Nahrungsmitteln u.a. die höhere Qualität von Biolebensmitteln (saisonal, regional) sichtbar gemacht werden. Zusätzlich ist Wissen über die eigene regionale Umwelt, die Entstehung, Verarbeitung und Zubereitung von Produkten wichtig.

Nachhaltigkeit muss stets mit Bezug auf den eigenen Konsum betrachtet werden. Aus Umweltwissen folgt nicht notwendig entsprechendes Umwelthandeln, darum gilt es, für nachhaltigen Konsum zu *sensibilisieren*. Es sind nicht die großen Theorien und die korrekte Erklärung ökologischer Risiken, die zu Nachhaltigkeit anhalten, sondern vermutlich geht der Weg über die Wahrnehmung eigener Handlungsfolgen, woraus fallweise auch eine Veränderung des eigenen Konsumverhaltens folgen kann. Die fortschreitende Sensibilisierung kann eine neue, nachhaltige Konsumentengesellschaft vorbereiten, die auf dem Verhalten, den Einsichten und den Einstellungen der Jugendlichen aufbaut.

7. Fazit

Konsum ist ein neuer, in der Jugendforschung und Soziologie erst seit kurzem wieder intensiver erörterter Gegenstand. Eine größere Tradition hat das Thema Konsum in den Wirtschaftswissenschaften (Betriebswirtschaft und Volkswirtschaft) und als Handreichung für Werbung und Marketing auch in der (Werbe- und Wirtschafts-)Psychologie. In der Jugendforschung spielte der Konsum bislang eher eine randständige Rolle, wobei es in den so gelagerten Untersuchungen bevorzugt um die Geldverwendung ging. Auch die Marketingforschung konzentriert sich darauf nachzuzeichnen, wie viel Geld sich bei Kindern und Jugendlichen versammelt und wofür diese es ausgeben wollen oder können. Erst unter dem Eindruck von zunehmenden Verschuldungsrisiken und einem wachsenden Anteil von Armut Heranwachsender, rückt Konsum in den Blick der Kindheits- und Jugendforschung. Aufwachsen in der Konsumgesellschaft bedeutet, dass vieles geldpflichtig geworden ist, egal ob es um Fitness, Gesundheit, Kommunikation, Spaß und Spiel oder darum geht, sich zu treffen. Die Entkoppelung des Konsums von unmittelbaren Bedürfnissen zeigt sich in Begriffen wie „In-Produkte" und „must haves". Die wachsende Kommerzialisierung des Jugendalltags ist in der Jugendkultur, den zugehörigen Moden und Stilen angezeigt. Eine Form der Bewältigung des kommerzialisierten Alltags sind Nebenjobs. War bis in die 1970er Jahre das Modell erst Ausbildung, dann eigenes Einkommen prägend, so wird dieses Modell des Nacheinander durch ein Nebeneinander von Bildung und Arbeit abgelöst. Jugendliche verbleiben länger in Bildungsgängen, zugleich konsumieren sie eigenständig auch in dieser Lebensphase und sie finanzieren diesbezügliche Ausgaben über familiale Zuwendungen, Tranfereinkommen (z.B. BAföG) und Nebenjobs.

Die entfaltete Kommerzialisierung des Jugendalltags ebenso wie die Nachhaltigkeitsdebatte erfordert eine gezielte Beschäftigung mit Konsum. Einerseits wird Konsum immer selbstverständlicher, doch gerade deshalb muss diese Selbstverständlichkeit im Dienste gesellschaftlicher Zukunft (die Welt nicht zumüllen) und des globalen Ressourcenerhalts thematisiert werden.

Konsum ist zu einem allgemeinen und von unmittelbaren Bedürfnissen entkoppelten Handeln geworden. Shopping ist, egal ob im Internet oder auf den Flaniermeilen, zu einer selbstverständlichen Freizeitbeschäftigung geworden. Herumflanieren, um zu sehen, was gefällt und was nicht, ist nicht auf städtische Zentren und ihre realen Shops begrenzt, denn gleichermaßen kann in virtuellen Welten gesurft, gesucht, gewählt und gekauft werden. Einfach etwas tun, was Spaß macht, etwas, was man mit Freunden tut. So wird Konsumieren zu einer „nichtnatürlichen" Selbstverständlichkeit. Aber nachgerade die hintergründig ablaufenden Prozesse machen es unabdingbar, nach Motiven und den Folgen des Konsums zu fragen. Das nicht klar benennbare Bedürfnis nach einer Stilisierung des Subjekts ist ein zentrales Motiv. Davon lebt Mode. Neben „Klamotten" spielten sogenannte „Gadgets", also Handy, Mp3-Player, Notebooks, Kommunikationsplattformen (Chats, Twitter usw.) eine Rolle. Diese Güter sind bevorzugt kurzlebiger Art, sie sind stark modischen Trends unterworfen und damit dem Risiko raschen Veraltens. Der rasche (modische und ‚moralische') Verschleiß schließt die Aufforderung zum zügigen (Neu-)Kauf ein. Allerdings um den Preis, Grundsätze der Nachhaltigkeit außer Acht zu lassen. Es ist dieser Zusammenhang von Konsum und der Produktion von Abfall, der uns veranlasst hat über Konsum und seine Bedeutung im modernen Jugendalltag nachzudenken. Dabei handelt es sich, wie unsere Ausführungen zeigen, um einen neuen und unabweisbaren Untersuchungsgegenstand.

Nachwort

Wie steht es um den Konsum von Jugendlichen und jungen Erwachsenen im Alltag? Dieser Frage wurde in einer Untersuchung des Deutschen Jugendinstituts (DJI) nachgegangen, die als Teil des größeren Verbundvorhabens „Bildungsinstitutionen und nachhaltiger Konsum" (BINK) entstanden ist. Dieses Buch ist eine problembezogene Aufarbeitung, die sich im Spannungsverhältnis von Kommerzialisierung und Nachhaltigkeit befindet. Dazu wurden eigene Erhebungen durchgeführt, aber auch Ergebnisse anderer Studien berücksichtigt. Konsum soll in seiner sozialen und ökonomischen Bedingtheit verstanden werden, darüber hinaus sollen aber auch Ansatzpunkte für nachhaltigen Konsum aufgezeigt werden. Nicht eine moralische Wertung von Konsum steht im Zentrum, sondern die Erkenntnis, dass Konsum eine Angelegenheit handelnder Menschen und die Produktion von ökologischen Risiken Bestandteil dieser Handlungen ist. Im Buch wird gezeigt, dass Konsum nicht allein Sache des Geldes ist, sondern dass er auch vom Lebensstil der Familie, den Freunden und den durch die Medien verbreiteten Leitbildern abhängt. Die Ergebnisse der DJI-Untersuchung sind zentral für das gemeinsame Verbundvorhaben, das im Rahmen des Sozialökologischen Forschungsprogramms (SÖF) des Bundesministeriums für Bildung und Forschung (BMBF) durchgeführt wird.

Im Projekt BINK gehen Wissenschaftler(innen) und Praktiker(innen) aus dem Bildungsbereich der Frage nach, wie Bildungseinrichtungen nachhaltiges Konsumverhalten fördern können. Denn Schulen oder Hochschulen sind Orte, die auf vielfältige Weise die Konsumsozialisation junger Menschen beeinflussen. Offensichtlich ist dies bei konsumbezogenen Bildungsangeboten, etwa dem vorgelebten Konsum von Energie und Wasser, oder bei Angeboten von Mensen und Kiosken. Wie die Beispiele von Handyverboten oder einheitlicher Kleidung in Schulen verdeutlichen, können Bildungsinstitutionen aber auch über eigene Ordnungen individuelle Konsumpraktiken fördern oder sanktionieren. Diese Ordnungen – geprägt von Werten und Normen – bilden einen institutionellen Rahmen, innerhalb dessen sich Schüler(innen) und Studierende täglich mit der Konsumkultur auseinandersetzen und der als Lernkontext hin zu einem nachhaltigen Konsum genutzt werden kann. BINK hat das Ziel, formales Lernen im Unterricht und in Lehrveranstaltungen sowie informelles Lernen im Alltag des Lernorts systematisch aufeinander zu beziehen.

Veränderungsprozesse hin zu einer nachhaltigen Konsumkultur an Bildungsinstitutionen erfordern partizipatives Vorgehen und Berücksichtigung spezifischer organisationaler Kontexte. Welche Interventionen zielführend sind, untersucht BINK systematisch unter Beteiligung aller relevanten Akteursgruppen der Institution – etwa Lehrpersonal, Verwaltung, Schüler(innen), Studierende – sowie deren Umfeld wie Umweltgruppen oder Zulieferer. Dabei arbeiten Wissenschaft und Praxis Hand in Hand. Die Ziele und konkreten Maßnahmenideen, um bildungsinstitutionelle Konsumkultur zu verändern, basieren auf einem theoretisch abgeleiteten Analyserahmen und werden an jeder Einrichtung gesondert ausgearbeitet. Die Ergebnisse, die in diesem Buch zusammengetragen sind, spielen in den beschriebenen Veränderungsprozessen eine wichtige Rolle. Die Federführung im BINK-Projekt hat das Institut für Umweltkommunikation der Leuphana Universität Lüneburg, weitere Partner im Forschungsverbund neben dem DJI sind die Humboldt Universität Berlin, Geografisches Institut, und die Fresenius Hochschule in Idstein.

Lüneburg/München im Februar 2011
Gerd Michelsen (Leuphana Universität Lüneburg)
Claus Tully (Deutsches Jugendinstitut, München)

Literatur

13. Kinder- und Jugendbericht (2009): Bericht über die Lebenssituation junger Menschen und die Leistungen der Kinder- und Jugendhilfe in Deutschland. Herausgegeben vom Bundesministerium für Familien, Senioren, Frauen und Jugend. Berlin. www.dip21.bundestag.de/dip21/btd/16/128/1612860.pdf [2.7.2009].

Ahava, Anna-Maija/Palojoki, Päivi (2004): Adolescent consumers: reaching them, border crossings and pedagogical challenges. In: International Journal of Consumer Studies. Volume 28, Issue 4, 2004, S. 371-378.

Allensbach (2004): Umwelt 2004. Repräsentative Bevölkerungsumfragen zur Umweltsituation heute sowie zu ausgewählten Fragen der Umwelt- und Energiepolitik. Allensbach: Institut für Demoskopie. www.ifd-allensbach.de/pdf/akt_0405a.zip [20.5.2009].

Baacke, Dieter (1999): Jugend und Jugendkulturen. Darstellung und Deutung. Weinheim/München.

Bargel, Tino (2008): Wandel politischer Orientierungen und gesellschaftlicher Werte der Studierenden. Studierendensurvey: Entwicklungen zwischen 1983 und 1997. Herausgegeben vom Bundesministerium für Bildung und Forschung. Bonn/Berlin. www.bmbf.de/pub/politische_orientierung_gesellschaftliche_werte.pdf [7.4.2009].

Bartsch, Silke (2006): Jugendesskultur: Bedeutung des Essens für Jugendliche im Kontext Familie und Peergroup. Dissertation an der Pädagogischen Hochschule Heidelberg.

Beisenkamp, Anja/Klöckner, Christan/Hallmann, Sylke/Preißner, Claudia (2009): LBS-Kinderbarometer Deutschland 2009. Wir sagen euch mal was. Stimmungen, Trends und Meinungen von Kindern in Deutschland. Herausgegeben von der LBS-Initiative Junge Familie. Recklinghausen.

Frank-Martin/Karg, Georg/Witt, Dieter (Hrsg.) (2007): Nachhaltiger Konsum und Verbraucherpolitik im 21. Jahrhundert. Marburg.

Berger, Peter L./Luckmann, Thomas (2003): Die gesellschaftliche Konstruktion der Wirklichkeit. Frankfurt/M.

Berufsbildungsbericht (2008): Herausgegeben vom Bundesministerium für Bildung und Forschung (BMBF), Bonn.

BiBB (2010): Geld spielt eine Rolle. BiBB Report 14/2010. www.bibb.de/dokumente/pdf/a12_bibbreport_2010 _14.pdf [22.7.2009].

Biouche, Seddik/Held, Josef (2002): IG-Metall-Jugendstudie. Jugend 2000. Neue Orientierungen und Engagementformen bei jungen Arbeitnehmern/innen. Herausgegeben von der IG-Metall Baden-Württemberg. www.jugend.igm.de/news/meldung.html?id=167 [20.3.2003].

Böhnisch, Lothar (1996): Die soziale und pädagogische Bedeutung des Konsums. In: Ders.: Pädagogische Soziologie. Eine Einführung. Weinheim/München, S. 239-243.

Böhnisch, Lothar (1996): Pädagogische Soziologie. Eine Einführung. Weinheim/München.

Bohnsack, Ralf (1993): Rekonstruktive Sozialforschung. Einführung in Methodologie und Praxis qualitativer Forschung. Opladen.

Bourdieu, Pierre (1987): Die feinen Unterschiede. Kritik der gesellschaftlichen Urteilskraft. Frankfurt/M.

Brand, Karl-Werner (1997): Vorwort. In: Ders. (Hrsg.): Nachhaltige Entwicklung. Eine Herausforderung für die Soziologie. Opladen.

Braun, Axel (2009): Das Umweltbewusstsein Jugendlicher im Wandel. In: Deutsche Jugend. Zeitschrift für Jugendarbeit. 11/2009, S. 463-471.

Bravo (2007a): Bravo Trend-Barometer III. Herausgegeben von der Bauer Media KG. www.bauermedia.de/uploads/media/Bravo.de-Trendbarometer_Mai_2007. pdf [10.3.2009].

Bravo (2007b): Bravo Faktor Jugend 9. Herausgegeben von der Bauer Media KG. www. bauermedia.de/uploads/media/Bravo Faktor _Jugend_Brosch_re.pdf [10.3.2009].

Bravo (2009): Bravo Faktor Märkte. Mode & Beauty. Herausgegeben von der Bauer Media KG. www.bauermedia.de/uploads/media/2009-02-05_BRAVO_ Faktor_M_rkte_ModeBeauty.pdf [10.3. 2009].

Brinkhoff, Klaus-Peter (1998): Sport und Sozialisation im Jugendalter. Entwicklung, soziale Unterstützung und Gesundheit. Weinheim/München.

Bundesforschungsinstitut für Ernährung und Lebensmittel (2008): Nationale Verzehrsstudie II. Ergebnisbericht, Teil 1. Die bundesweite Befragung zur Ernährung von Jugendlichen und jungen Erwachsenen. Herausgegeben vom Max Rubner Institut – Bundesforschungsinstitut für Ernährung und Lebensmittel. Karlsruhe.

Bundesministerium für Umwelt, Naturschutz und Reaktorsicherheit (BMU) (1992): Konferenz der Vereinten Nationen für Umwelt und Entwicklung im Juni 1992 in Rio de Janeiro. Agenda 21. Bonn.

Bundesministerium für Umwelt, Naturschutz und Reaktorsicherheit (BMU) (2006): Elektroschrott – Vermeiden und Verwerten. Das neue Elektro- und Elektronikgerätegesetz. Berlin.

Cotte, June/Wood, Stacy L. (2004): Families and Innovative Consumer Behavior: A Triadic Analysis of Sibling and Parental Influence. In: Journal of Consumer Research, 31 (Juni), S. 78-86.

Diehl, Jörg M. (1999): Nahrungspräferenzen 10- bis 14jähriger Jungen und Mädchen. Schweizerische Medizinische Wochenzeitschrift 5, S. 151-161.

Enzensberger, Hans M./Michel, Karl M. (Hrsg.) (1973): Kursbuch 33. Ökologie und Politik oder Die Zukunft der Industrialisierung. Berlin.

Epp, Amber M./Price, Linda L. (2008): Family Identity: A Framework of Identity Interplay in Consumerism. In: Journal of Consumer Research. June 2008, Vol. 35, S. 50-70.

Ernährungsbericht (2004). Herausgegeben von der Deutschen Gesellschaft für Ernährung e.V. Bonn.

Esposito, Elena (2004): Die Verbindlichkeit des Vorübergehenden: Paradoxien der Mode. Frankfurt/M.

Farin, Klaus (2008): Gegen den Mainstream und doch Trends setzen. Jugendszenen als Konsumgemeinschaften. In: Schüler 2008. Geld. Aufwachsen in der Konsumgesellschaft. Seelze.

Feil, Christine (2003): Kinder, Geld und Konsum. Die Kommerzialisierung der Kindheit. Weinheim/München.

Fend, Helmut (1994): Die Entdeckung des Selbst und die Verarbeitung der Pubertät. Bern.

Fend, Helmut (2005): Entwicklungspsychologie des Jugendalters. Stuttgart.

Ferchhoff, Wilfried (2000): Die ‚Jugend'der Pädagogik. In: Sander, Uwe/Vollbrecht, Ralf (Hrsg.): Jugend im 20. Jahrhundert. Sichtweisen – Orientierungen – Risiken. Neuwied/Berlin, S. 32-74.

Fischer, Arthur/Fuchs, Werner (1981): Vorstellungen von der Zukunft. In: Jugendwerk der Deutschen Shell Deutschland (Hrsg.): Jugend'81. Lebensentwürfe, Alltagskulturen, Zukunftsbilder. Hamburg, S. 378-419.

Fischer, Daniel (2008): Nachhaltiger Konsum und Konsumkultur. Grundlagen zu einer „Nachhaltigen Konsumkultur" (unveröffentlichtes Arbeitspapier). Leuphana Universität Lüneburg, Institut für Umweltkommunikation.

Flade, Antje (2009): Entwicklungsaufgaben und Mobilität im Jugendalter. In: Tully, Claus J. (Hrsg.): Multilokalität und Vernetzung. Weinheim/München: S. 101-112.

Fries, Karin R./Göbel, Peter H./Lange, Elmar (2007): Teure Jugend. Wie Teenager kompetent mit Geld umgehen. Opladen/Farmington Hills.

Fritsche, Yvonne (2000): Die quantitative Studie: Stichprobenstruktur und Feldarbeit. In: Deutsche Shell (Hrsg.): Jugend 2000. Band 1. Opladen, S. 349-378.

Frohmann, Matthias (2003): Aspekte einer körperbezogenen Jugendsoziologie. In: Mansel, Jürgen/Griese, Hartmut M./Scherr, Albert: Theoriedefizite der Jugendforschung. Weinheim/München.

Fuchs-Heinritz, Werner (2000): Zukunftsorientierung und Verhältnis zu den Eltern. In: Deutsche Shell (Hrsg.): Jugend 2000. Band 1. Opladen, S. 23-92.

Gaiser, Wolfgang/de Rijke, Johann (2006): Gesellschaftliche und politische Beteiligung. In: Gille, Martina/Sardei-Biermann, Sabine/Gaiser, Wolfgang/de Rijke, Johann: Jugendliche und junge Erwachsene in Deutschland. Lebensverhältnisse, Werte und gesellschaftliche Beteiligung 12- bis 29-Jähriger. Jugendsurvey 3. Wiesbaden, S. 213-275.

Galbraith, John Kenneth (1982): Gesellschaft im Überfluß. München.

Gensicke, Thomas (2002): Individualität und Sicherheit in neuer Synthese? Wertorientierungen und gesellschaftliche Aktivität. In: Shell Deutschland Holding (Hrsg.): Hurrelmann, Klaus/Albert, Mathias (Konzeption & Koordination): Jugend 2002. Zwischen pragmatischem Idealismus und robustem Materialismus. Frankfurt/M., S. 139-212.

Gensicke, Thomas (2006): Zeitgeist und Wertorientierung. In: Shell Deutschland Holding (Hrsg.): Hurrelmann, Klaus/Albert, Mathias (Konzeption & Koordination): Jugend 2006. Eine pragmatische Generation unter Druck. Frankfurt/M., S. 169-202.

Gensicke, Thomas (2010): Wertorientierungen, Befinden und Problembewältigung. In: Shell Deutschland Holding (Hrsg.)/Hurrelmann, Klaus/Albert, Mathias/Quenzel, Gudrun (Konzeption & Koordination): 16. Shell Jugendstudie. Jugend 2010. Eine pragmatische Generation behauptet sich. Frankfurt/M., S. 187-242.

Gensicke, Thomas/Picot, Sybille/Geiss, Sabine (2006): Freiwilliges Engagement in Deutschland 1999-2004. Ergebnisse der repräsentativen Trenderhebung zu Ehrenamt, Freiwilligenarbeit und bürgerschaftlichen Engagement. Wiesbaden.

Gerhards, Jürgen/Rössel, Jörg (2003): Das Ernährungsverhalten Jugendlicher im Kontext ihrer Lebensstile. Eine empirische Studie. Herausgegeben von der Bundeszentrale für gesundheitliche Aufklärung. Köln.

Gille, Martina (2006): Werte, Geschlechtsrollenorientierungen und Lebensentwürfe. In: Gille, Martina/Sardei-Biermann, Sabine/Gaiser, Wolfgang/de Rijke, Johann (Hrsg.): Jugendliche und junge Erwachsene in Deutschland. Lebensverhältnisse, Werte und gesellschaftliche Beteiligung 12- bis 29-Jähriger, S. 131-211.

Gnielczyk, Peter (2005): Jugend und Konsum. In: Haushalt & Bildung. Verbraucherzentrale Bundesverband. Heft 1.

Godemann, Jasmin/Michelsen, Gerd (Hrsg.) (2007): Handbuch Nachhaltigkeitskommunikation. Grundlagen und Praxis. Zweite aktualisierte und überarbeitete Auflage. München.

Gräsel, Cornelia (1998): Subjektive Konzepte von Jugendlichen über ihr „ökologisches Handeln". In: Berichte des Instituts für Didaktik der Biologie. 7. 1998, S. 73-85.

Großegger, Beate (2003): Kapitel 7. Die Generation der Werte-Sampler. In: Nemetz, Klaus/Michl, Petra/Großegger, Beate/Zentner, Manfred (2003): 4. Bericht zur Lage der Jugend in Österreich. Teil A: Jugendradar 2003. Herausgegeben vom Bundesministerium für soziale Sicherheit, Generationen und Konsumentenschutz (BMSG) – Sektion V. Wien, S. 153-171.

Grunert, Suzanne C. (1993): Essen und Emotionen. Die Selbstregulierung von Emotionen durch das Eßverhalten. Weinheim.

Grunwald, Armin/Kopfmüller, Jürgen (2006): Nachhaltigkeit. Frankfurt/M./New York.

Harring, Armin/Böhm-Kasper, Oliver/Rohlfs, Carsten/Palentien, Christian (2010): Peers als Bildungs- und Sozialisationsinstanzen – eine Einführung in die Thematik. In: Harring, Armin/Böhm-Kasper, Oliver/Rohlfs, Carsten/Palentien, Christian (2010): Freundschaften, Cliquen, Jugendkulturen. Peers als Bildungs- und Sozialisationsinstanzen. Wiesbaden.

Hayn, Doris/Empacher, Claudia/Halbes, Silja (2005): Trends und Entwicklungen von Ernährung im Alltag. Ergebnisse einer Literaturrecherche. Materialienband Nr. 2. Herausgegeben vom Institut für sozial-ökologische Forschung (ISOE). Frankfurt/M. www.ernaehrungswende.de/pdf/ernwend_matband_2.pdf [15.9.2008].

Hellmann, Kai-Uwe (2005): Soziologie des Shopping: Zur Einführung. In: Hellmann, Kai-Uwe/Schrage, Dominik (Hrsg.): Das Management des Kunden. Studien zur Soziologie des Shopping. Wiesbaden, S. 7-36.

Heyer, Alexandra (1997): Ernährungsversorgung von Kindern in der Familie. Eine empirische Untersuchung. Paderborn.

Hoffmann, Esther/Siebenhüner, Bernd/Beschorner, Thomas (2007): Gesellschaftliches Lernen und Nachhaltigkeit. Marburg.

Hübner-Funk, Sybille (2003): Körperbezogene Selbstsozialisation. Varianten soziokultureller Überformung jugendlicher „Bodies". In: Diskurs 3/2003.

Hurrelmann, Klaus (1994): Lebensphase Jugend. Eine Einführung in die sozialwissenschaftliche Jugendforschung. Weinheim/München.

Hurrelmann, Klaus/Albert, Mathias/Quenzel, Gudrun/Langness, Anja (2006): Eine pragmatische Generation unter Druck – Einführung in die Shell Jugendstudie 2006. In: Shell Deutschland Holding (Hrsg.): Hurrelmann, Klaus/Albert, Mathias

(Konzeption & Koordination): Jugend 2006. Eine pragmatische Generation unter Druck. Frankfurt/M., S. 31-45.

Ibold, Jörg (2007): Empirische Untersuchungen zum Einfluss der Lebensstile auf das Umweltverhalten von Schülern verschiedener Schulformen. Mathematisch-Naturwissenschaftliche-Technische Fakultät der Martin-Luther-Universität Halle-Wittenberg. Halle.

Inglehart, Ronald (1989): Kultureller Umbruch. Wertewandel in der westlichen Welt. Frankfurt/M.

Jäckel, Michael (2006): Einführung in die Konsumsoziologie. Fragestellungen – Kontroversen – Beispieltexte 2. Überarbeitete und erweiterte Auflage. Wiesbaden.

Jackson, Tim (2005): Motivating sustainable consumption. A review of evidence on consumer behaviour and behavioural change, a report to the Sustainable Development research Network. Surrey. Verfügbar unter www.sd-research.org. uk/documents/MotivatingSCfinal.pdf [1.10.2008].

Jackson, Tim (Hrsg.) (2006): The Earthscan Reader in Sustainable Consumption. London.

JIM (1998-2010): JIM-Studie 1998-2010. Jugend, Information, (Multi-)Media. Basisuntersuchung zum Medienumgang 12- bis 19-Jähriger. Herausgegeben vom Medienpädagogischen Forschungsverbund Südwest. Stuttgart.

Jung, Matthias (2006): Jugendstudie 2006. Wirtschaftsverständnis und Finanzkultur. Herausgegeben vom Bundesverband deutscher Banken. Ipos. Mannheim. www.schulbank.de/jugendstudie/BdB_Jugendstudie2006.pdf.

Keupp, Heiner (1994): Ambivalenzen postmoderner Identität. In: Beck, Ulrich/ Beck-Gernsheim, Elisabeth (Hrsg.): Riskante Freiheiten. Individualisierung in modernen Gesellschaften. Frankfurt/M., S. 336-350.

KidsVerbraucherAnalyse (2008): Markt-Media Studie für Kinder-Zielgruppen im Alter von 6 bis 13 Jahre. Herausgegeben von Ehapa Media. www.ehapa-media. de/pdf_download/Praesentation _%20KVA08.pdf [7.4.2009].

Klein, Markus/Pötschke, Manuela (2000): Gibt es einen Wertewandel hin zum „reinen" Postmaterialismus? Eine Zeitreihenanalyse der Wertorientierungen der westdeutschen Bevölkerung zwischen 1970 und 1997. In: Zeitschrift für Soziologie, 200, Heft 3, S. 202-216.

Krappmann, Lothar (1991): Sozialisation in der Gruppe der Gleichaltrigen. In: Hurrelmann, K./Ulich, D. (Hrsg.): Neues Handbuch der Sozialisationsforschung, Weinheim/Basel, S. 355-375.

Krol, Gerd-Jan/Schmid, Alfons (2002): Volkswirtschaftslehre. Eine problemorientierte Einführung. Stuttgart.

Kromer, Ingrid/Hatwager, Katharina (2005): ÖGJ-Jugendstudie 2005: Lebenssituation(en) und Orientierungen von jungen Menschen in Österreich. Herausgegeben vom Österreichischen Gewerkschaftsbund.

Kromer, Ingrid/Oberhollenzer, Notburga (2004): Nö Jugendstudie 2004: Vom Umwelt-interesse zum nachhaltigen Lebensstil. Endbericht des qualitativen Forschungsprojekts. Österreichisches Institut für Jugendforschung. Wien. www. oeij.at/content/de/forschung/abgeschlosseneprojekte/projekte/article/110.html [23.4.2009].

Krueger, Richard A. (1994): Focus groups: A practical guide for applied research. Thousand Oaks.

Kuckartz, Udo/Rädiker, Stefan/Rheingans-Heintze, Anke (2006): Umweltbewusstsein in Deutschland 2006. Ergebnisse einer repräsentativen Umfrage. Herausgegeben vom Bundesministerium für Umwelt. Berlin.

Kuckartz, Udo/Rheingans-Heintze, Anke/Rädiker, Stefan (2007): Determinanten des Umweltverhaltens – Zwischen Rhetorik und Engagement. Vertiefungsstudie im Rahmen des Projektes „Repräsentativumfrage zu Umweltbewusstsein und Umweltverhalten im Jahr 2006. Herausgegeben vom Bundesumweltamt. Dessau-Roßlau.

Landua, Detlef (2008): Einführung. In: Sturzbecher, Dietmar/Holtmann, Dieter (Hrsg.): Werte, Familie, Politik, Gewalt – Was bewegt die Jugend? Jugendstudie 2005. Erstellt vom Institut für angewandte Familien-, Kindheits- und Jugendforschung (IFK) e.V. Herausgegeben vom Brandenburgischen Ministerium für Bildung, Jugend und Sport. Potsdam. www.mbjs.brandenburg.de/sixcms/media.php/bb2.a.5813.de/ifk-jugendstudie2005.pdf [26.2.2009].

Lange, Elmar (1997): Jugendkonsum im Wandel. Konsummuster, Freizeitverhalten, soziale Milieus und Kaufsucht 1990 und 1996. Opladen.

Lange, Elmar (2004): Jugendkonsum im 21. Jahrhundert. Eine Untersuchung der Einkommens-, Konsum- und Verschuldungsmuster der Jugendlichen in Deutschland. Wiesbaden.

Lange, Elmar (2005): Verschuldung von Jugendlichen in der Bundesrepublik Deutschland, In: Neue Praxis 5/2005, S. 444-458.

Lange, Elmar (2007): Zur Verschuldung von Kindern und Jugendlichen zwischen 10 und 24 Jahren – Ambivalenzen in der Sozialisation zum marktkonformen Verbraucher. In: Jäckel, Michael (Hrsg.): Ambivalenzen des Konsums in der werblichen Kommunikation. Wiesbaden, S. 141-160.

Langeness, Anja/Leven, Ingo/Hurrelmann, Klaus (2006): Jugendliche Lebenswelten. Familie, Schule, Freizeit. In: Shell Deutschland Holding (Hrsg.): Hurrelmann, Klaus/Albert, Mathias (Konzeption & Koordination): Jugend 2006. Eine pragmatische Generation unter Druck. Frankfurt/M., S. 31-48.

Lappe, Lothar/Tully, Claus J./Wahler, Peter (2000): Das Umweltbewußtsein von Jugendlichen. Eine qualitative Befragung Auszubildender. München.

Leven, Ingo/Quenzel, Gudrun/Hurrelmann, Klaus (2010): Familie, Schule, Freizeit: Kontinuität und Wandel. In: Shell Deutschland Holding (Hrsg.)/Hurrelmann, Klaus/Albert, Mathias/Quenzel, Gudrun (Konzeption & Koordination): 16. Shell Jugendstudie. Jugend 2010. Eine pragmatische Generation behauptet sich. Frankfurt/M., S. 53-128.

Liebig, Brigitte/Nentwig-Gesemann, Iris (2002): Gruppendiskussionen. In: Kühl, Stefan/Strodtholz, Petra (Hrsg.): Methoden der Organisationsforschung. Reinbek.

Linssen, Ruth/Leven, Ingo/Hurrelmann, Klaus (2002): Wachsende Ungleichheit der Zukunftschancen? Familie, Schule und Freizeit als jugendliche Lebenswelten. In: Shell Deutschland Holding (Hrsg.): Jugend 2002. Zwischen pragmatischem Idealismus und robustem Materialismus. Frankfurt/M., S. 53-90.

Luhmann, Niklas (1986): Ökologische Kommunikation. Kann die moderne Gesellschaft sich auf ökologische Gefährdungen einstellen? Opladen.

Majer, Helge (1998): Wirtschaftswachstum und nachhaltige Entwicklung. 3. Auflage. München/Wien.

Mangold, Werner (1960): Gegenstand und Methode des Gruppendiskussionsverfahrens. Frankfurt/M.

Mannheim, Karl (1928/2009): Das Problem der Generation. In: Barboza, Amalia/ Lichtblau, Klaus (Hrsg.): Karl Mannheim. Schriften zur Wirtschafts- und Kultursoziologie. Wiesbaden, S. 121-166.

Meadows, Dennis L./Meadows, Donella H./Zahn, Erich (1972): Die Grenzen des Wachstums. Bericht des Club of Rome zur Lage der Menschheit. München.

Meinhold, Roman von (2001): Konsum – Lifestyle – Selbstverwirklichung. Konsummotive Jugendlicher und nachhaltige Bildung. Pädagogische Hochschule Weingarten.

Mensink, Gerd/Kleiser, Christina/Richter, Almut (2007): Lebensmittelverzehr bei Kindern und Jugendlichen in Deutschland. Ergebnisse des Kinder- und Jugendgesundheitssurveys (KiGGS). In: Bundesgesundheitsblatt – Gesundheitsforschung – Gesundheitsschutz 5/6, 2007. www.kiggs.de/experten/downloads/ Basispublikation/Mensink_Lebensmittelverzehr.pdf [6.5.2009].

Methfessel, Barbara (2001): Lebensstil – Konsum – Identität. Haushalt & Bildung, 4/2001, S. 18-28.

Methfessel, Barbara (2005): REVIS Fachwissenschaftliche Konzeption: Soziokulturelle Grundlagen der Ernährungsbildung. Paderborner Schriften zur Ernährungs- und Verbraucherbildung. Band 7. Universität Paderborn.

Mischke, Johanna (2009): Jugend und Familie in Europa. Herausgegeben vom Statistischen Bundesamt. Wiesbaden.

Moore, Elizabeth S./Wilkie, William L. (2005): We are who we are. Intergenerational influences in consumer behavior. In: Ratneshwar, S./Glenn Mick, David (Hrsg.): Inside Consumption: Consumer Motives, Goals and Desires. London, S. 209-232.

Mülleneisen, Heiko (2007): Informationsverhalten von Jugendlichen. Eine qualitative Studie zur Mediennutzung. Saarbrücken.

Multrus, Frank/Bargel, Tino/Ramm, Michael (2008): Studiensituation und studentische Orientierungen. 10. Studierendensurvey an Universitäten und Fachhochschulen. Langfassung. Bundesministerium für Bildung und Forschung. Bonn/Berlin. www.unikonstanz.de/FuF/SozWiss/fg-soz/ag-hoc/ publikationen/PublikatBerichte/Langbericht2008.pdf [7.4.2009].

Münchmeier, Richard (1997): Die Lebenslage junger Menschen. In: Jugendwerk der Deutschen Shell (Hrsg.): Jugend '97. Zukunftsperspektiven, Gesellschaftliches Engagement, Politische Orientierung. Opladen, S. 277-302.

Nölting, Benjamin/Reimann, Silke/Strassner, Carola (2009): Bio-Schulverpflegung in Deutschland. Ein erster Überblick. ZTG Discussion Paper, Nr. 30/09, ztg – Zentrum Technik und Gesellschaft. Berlin.

Oelkers, Jürgen (2007): Jugend, Konsum und Masslosigkeit: Ein unausweichlicher Zusammenhang? Vortrag im Rahmen der Elternbildung Meilen-Uetikon am

12. September 2007 im Forum Schulhaus Riedwies Uetikon am See. www.paed. uzh.ch/ap/downloads/oelkers/Vortraege/283_ Meilen.pdf [27.10.2008].

Organisation for economic co-operation and development (OECD) (2009): Green at Fifteen? How 15-Year-Olds perform in environmental science and geoscience in pisa 2006. O.O., www.oecd.org/dataoecd/52/12/42467312.pdf [7.4.2009].

Oerter, Rolf/Dreher, Eva (1998): Jugendalter. In: Oerter, Rolf/Montada, Leo (Hrsg.): Entwicklungspsychologie. Weinheim.

Otto, Hans-Uwe/Kutscher, Nadia/Klein, Alexandra/Iske, Stefan (2005): Soziale Ungleichheit im virtuellen Raum: wie nützen Jugendliche das Internet? Kompetenzzentrum Informelle Bildung (KIB). Bielefeld. bieson.ub.uni-bielefeld.de/volltexte/2006/818/pdf/jugendinternet_langfassung.pdf [23.4.2009].

Palan, Kay M./Wilkes, Robert E. (1997): Adolescent-Parent Interaction in Family Decision Making. In: Journal of Consumer Research. September 1997, Vol. 24, S. 159-169.

Parsons, Talcott (1958): Struktur und Funktion der modernen Medizin. Eine soziologische Analyse. In: König, René/Tönnesmann, Margret (Hrsg.): Probleme der Medizinsoziologie. Sonderheft 3 der Kölner Zeitschrift für Soziologie und Sozialpsychologie, S. 10-57.

PCF (2009): Pressemeldung: Product Carbon Footprint-Pilotprojekt stellt in Berlin Schlussbericht vor. www.presseportal.de/pm/52007/1341561/rewe_group [05.7.2009].

Phelan, Patricia/Locke Davidson, Ann/Cao Yu, Hanh (1993): Student's multiple worlds: navigating the borders of family, peer and school cultures. In: Phelan, Patricia/Locke Davidson, Ann (Hrsg.): Renegotiating Cultural Diversity in American Schools, S. 52-88.

Picot, Sybille/Willert, Michaela (2006): Jugend in einer alternden Gesellschaft – Die Qualitative Studie: Analyse und Portraits. In: Shell Deutschland Holding (Hrsg.): Jugend 2006. Eine programmatische Generation unter Druck. Frankfurt/M., S. 241-302.

Poferl, Angelika/Schilling, Karin/Brand, Karl-Werner (1997): Umweltbewusstsein und Alltagshandeln. Eine empirische Untersuchung sozial-kultureller Orientierungen. Opladen.

Preisendörfer, Peter (1999): Umwelteinstellungen und Umwelthandeln in Deutschland. Empirische Befunde und Analysen auf der Grundlage der Bevölkerungsumfragen „Umweltbewußtsein in Deutschland 1991-1998". Herausgegeben vom Bundesumweltamt. Opladen.

Preiß, Christine (2004): Leben und Lernen mit Musik. In: Wahler, Peter/Tully, Claus/Preiß, Christine: Jugendliche in neuen Lernwelten. Selbstorganisierte Bildung jenseits institutioneller Qualifizierung. Wiesbaden, S. 131-152.

Przyborski, Aglaja/Wohlrab-Sahr, Monika (2008): Qualitative Sozialforschung. München.

Pudel, Volker (1999): Immer nur Pizza, Pommes und Spaghetti: Was essen und trinken Kinder gerne und warum? In: Leonhäuser, Ingrid-Ute/Berg, Ilona (Hrsg.): Kids & Food: Eßverhalten von Kindern – Wunsch und Wirklichkeit. 13. Symposium Wissenschaft und Ernährungspraxis. Bingen, S. 33-45.

Reinders, Heinz (2003): Jugendtypen. Ansätze zu einer differentiellen Theorie der Adoleszenz. Opladen.

Reinders, Heinz (2005): Jugend. Werte. Zukunft. Wertvorstellungen, Zukunftsperspektiven und soziales Engagement im Jugendalter. Herausgegeben von der
Landesstiftung Baden-Württemberg GmbH. Stuttgart.

Reinmuth, Sandra I./Sturzbecher, Dietmar (2008): Wertorientierungen, Kontrollüberzeugungen, Zukunftserwartungen und familiale Ressourcen. In: Sturzbecher,
Dietmar/Holtmann, Dieter (Hrsg.): Werte, Familie, Politik, Gewalt – Was bewegt
die Jugend? Jugendstudie 2005. Erstellt vom Institut für angewandte Familien-,
Kindheits- und Jugendforschung (IFK) e.V. Herausgegeben vom Brandenburgischen Ministerium für Bildung, Jugend und Sport. www.mbjs.brandenburg.
de/sixcms/media.php/bb2.a.5813.de/ifk-jugendstudie2005.pdf [26.2.2009].

Reißig, Birgit/Gaupp, Nora/Hoffmann-Lun, Irene/Lex, Tilly (2006): Schule – und
dann? Schwierige Übergänge von der Schule in die Berufsausbildung. München.

Riesman, David (1958): Die einsame Masse. Eine Untersuchung der Wandlungen
des amerikanischen Charakters. München, S. 86-92.

Riesman, David (2006): Die einsame Masse. Auszug. In: Jäckel, Michael: Einführung
in die Konsumsoziologie. Fragestellungen – Kontroversen – Beispieltexte. 2.,
überarbeitete und erweiterte Auflage. Wiesbaden, S. 62-66.

Ritzer, George (1997): Die McDonaldisierung der Gesellschaft. Frankfurt/M.

Rohlfs, Carsten (2006): Freizeitwelten von Grundschulkindern. Eine quantitative
Sekundäranalyse von Fallstudien. Weinheim/München.

Sardei-Biermann, Sabine (2006): Soziale Nahwelt und Lebensverhältnisse in subjek-
tiver Einschätzung. In: Gille, Martina/Sardei-Biermann, Sabine/Gaiser, Wolfgang/
de Rijke, Johann (Hrsg.): Jugendliche und junge Erwachsene in Deutschland.
Lebensverhältnisse, Werte und gesellschaftliche Beteiligung 12- bis 29-Jähriger,
Wiesbaden, S. 87-130.

Sardei-Biermann, Sabine (2008): Lebensverhältnisse Jugendlicher und junger
Erwachsener im Wandel. In: Gille, Martina (Hrsg.): Jugend in Ost und West
seit der Wiedervereinigung. Ergebnisse aus dem replikativen Längsschnitt des
DJI-Jugendsurvey, Wiesbaden, S. 15-47.

Schäfers, Bernhard/Scherr, Albert (2005): Jugendsoziologie. Einführung in die
Grundlagen und Theorien. Wiesbaden.

Schahn, Joachim (2003): Umweltbewusstsein und Soziodemografie: Zur Bedeutung
von Geschlechtsunterschieden. Psychologisches Institut der Universität Heidelberg. Heidelberg.

Scherhorn, Gerhard/Reisch, Lucia A./Raab, Gerhard (1992): Kaufsucht. Bericht über
eine empirische Untersuchung. Arbeitspapier 50. Stuttgart.

Scherr, Albert (2009): Jugendsoziologie. Einführung in Grundlagen und Theorien.
Wiesbaden.

Scherr, Albert (2010): Cliquen/informelle Gruppen: Strukturmerkmale, Funktionen
und Potentiale. In: Harring, Armin/Böhm-Kasper, Oliver/Rohlfs, Carsten/
Palentien, Christian (2010): Freundschaften, Cliquen, Jugendkulturen. Peers als
Bildungs- und Sozialisationsinstanzen. Wiesbaden.

Schierenbeck, Henner (2003): Grundzüge der Betriebswirtschaftslehre. 16. vollständig
überarbeitete und erweiterte Auflage. München/Wien.

Schmidt-Bleek, Friedrich (1998): Das MIPS-Konzept. Weniger Naturverbrauch – mehr Lebensqualität durch Faktor 10. München.

Schneekloth, Ulrich (2002): Methodik. In: Shell Deutschland Holding (Hrsg.): Jugend 2002. Zwischen pragmatischem Idealismus und robustem Materialismus. Frankfurt/M., S. 415-422.

Schulz, Ulrike (2002): Mobilitätstypen von Jugendlichen und jungen Erwachsenen. Betrachtung der ermittelten Mobilitätstypen im Hinblick auf Stadt und Land. In: Hunecke, Marcel/Tully, Claus J./Bäumer, Doris (Hrsg.): Mobilität von Jugendlichen. Opladen, S. 103-110.

Schütz, Alfred/Luckmann, Thomas (1979): Strukturen der Lebenswelt. Band 1. Frankfurt/M.

Spangenberg, Joachim, H./Lorek, Sylvia (2001): Sozio-ökonomische Aspekte nachhaltigkeitsorientierten Konsumwandels. In: Aus Politik und Zeitgeschichte B 24/2001, S. 23-29. www.bpb. de/files/212QVW.pdf [12.1.2009].

Spangenberg, Joachim. H./Lorek, Sylvia. (2003): Lebensqualität, Konsum und Umwelt: Intelligente Lösungen statt unnötiger Gegensätze. Ökologische Marktwirtschaft. Bonn.

Skrobanek, Jan (2003): TeilnehmerInnen in BBE-Maßnahmen – Erste Befunde einer bundesweiten Befragung. Arbeitspapier 1/2003 aus dem Forschungsschwerpunkt Übergänge in Arbeit. Herausgegeben vom Deutschen Jugendinstitut e.V. München. www.dji.de/bibs/105 2321 _AP_1_2003_skrobanek.pdf [13.5. 2009].

Statistisches Bundesamt (2008) (Hrsg.): Datenreport 2008. Ein Sozialbericht für die Bundesrepublik Deutschland. Wiesbaden.

Statistisches Bundesamt (2009) (Hrsg.): Statistisches Jahrbuch. Statistisches Bundesamt. Wiesbaden. www.destatis.de/jetspeed/portal/cms/Sites/destatis/Internet/DE/Content/Publikationen/Querschnittsveroeffentlichungen/StatistischesJahrbuch/JahrbuchDownload,templateId=renderPrint.psml [5.7.2010].

Sturzbecher, Dietmar/Holtmann, Dieter (Hrsg.) (2008): Werte, Familie, Politik, Gewalt – Was bewegt die Jugend? Jugendstudie 2005. Erstellt vom Institut für angewandte Familien-, Kindheits- und Jugendforschung (IFK) e.V. Herausgegeben vom Brandenburgischen Ministerium für Bildung, Jugend und Sport. www.mbjs.brandenburg.de/sixcms/media.php/bb2.a.5813.de/ifk-jugendstudie2005.pdf [26.2.2009].

Tully, Claus J. (1982): Rationalisierungspraxis. Zur Entideologisierung eines parteilichen Begriffs. New York/Frankfurt/M.

Tully, Claus J. (1998): Rot, cool und was unter der Haube. Jugendliche und ihr Verhältnis zu Auto und Umwelt. Eine Jugendstudie. München.

Tully, Claus J. (2000): Mobilität Jugendlicher auf dem Lande und in der Stadt. Angleichung der Lebensstile – differenzierte Mobilitätsbedürfnisse. In: Tully, Claus J. u.a.: U.Move – Jugend und Mobilität. Institut für Landes- und Stadtentwicklungsforschung des Landes Nordrhein-Westfalen. Dortmund.

Tully, Claus J. (2002): Bewegte Jugend – kommunikativ und mobil. In: Hunecke, Marcel/Tully, Claus J./Bäumer, Doris (Hrsg.): Mobilität von Jugendlichen. Opladen, S. 13-38.

Tully, Claus J. (2003): Mensch – Maschine – Megabyte. Technik in der Alltagskultur. Opladen.

Tully, Claus J. (2004a): Alltagslernen in technisierten Welten: Kompetenzerwerb durch Computer, Internet und Handy. In: Wahler, Peter/Tully, Claus/Preiß, Christine: Jugendliche in neuen Lernwelten. Selbstorganiesrte Bildung jenseits institutioneller Qualifizierung. Wiesbaden, S. 153-188.

Tully, Claus J. (2004b): Der Nebenjob – Alltagslernen jenseits der Schule. In: Wahler, Peter/Tully, Claus J./Preiß, Christine: Jugendliche in neuen Lernwelten. Selbstorganisierte Bildung jenseits von institutioneller Qualifizierung. Wiesbaden, S. 71-112.

Tully, Claus J. (2004c): Arbeitsweltkontakte von Schülerinnen und Schülern an allgemeinbildenden Schulen. Empirische Befunde zur Verbindung von Schule und Job. In: Zeitschrift für Soziologie der Erziehung und Sozialisation. Jg. 24, Heft 4, S. 408-430.

Tully, Claus J. (2004d): Schule und Job. Vom Nacheinander zum Nebeneinander. In: DISKURS, Jg. 14, 2004, Heft 1, S. 54-63.

Tully, Claus J. (2007): Jugendliche Lebenswelten als informelle Lernwelten. Bildungsqualität im außerschulischen Bereich. In: ZSE, Zeitschrift für Soziologie und Erziehung, 4/2007, S. 402-417.

Tully, Claus J. (2008): Was Jugendliche von der Politik erwarten. Eine Diagnose aus der Sicht der Jugendforschung. In: Gruber, Thomas/Zehetmair, Hans (Hrsg.): Jung und Alt. Miteinander leben – voneinander lernen – einander zuhören. München, S. 160-168.

Tully, Claus J./Baier, D. (2006): Mobiler Alltag. Mobilität zwischen Option und Zwang – Vom Zusammenspiel biographischer Motive und sozialer Vorgaben. Wiesbaden.

Tully, Claus J./Krok, Isabelle (2009): Nachhaltiger Konsum als informeller Lerngegenstand im Jugendalltag. In: Brodowski, Michael/Devers-Kanoglu, Ulrike/Overwien, Bernd/Rohs, Matthias/Salinger, Susanne/Walser, Manfred (Hrsg.): Informelles Lernen und Bildung für eine nachhaltige Entwicklung. Beiträge aus Theorie und Praxis. Opladen/Farmington Hills, S. 181-189.

Tully, Claus J./Wahler, Peter (1983): Ausbildung als Lebenslage – das Ausbildungsverhältnis als Fokus jugendspezifischer Problemlagen. In: Soziale Welt. Jg. 34, Heft 03, S. 372-397.

Tully, Claus J./Wahler, Peter (1994): Ausbildung und Nebenjob bei Jugendlichen. In: Kittner, M. (Hrsg.): Gewerkschaften heute. Jahrbuch für Arbeitnehmerfragen.

Tully, Claus J./Zerle, Claudia (2006): Handys im Jugendalltag. In: Anfang, Günter/Demmler, Kathrin/Ertelt, Jürgen/Schmitt, Ulrike (Hrsg.): Handy. Eine Herausforderung für die Pädagogik. München, S. 16-21.

Unverzagt, Gerlinde/Hurrelmann, Klaus (2001): Konsum-Kinder. Was fehlt, wenn es an gar nichts fehlt. Freiburg.

Veblen, Thorstein (1993): Die Theorie der feinen Leute. Frankfurt/M.

Veith, Hermann (2004): Sozialisationsforschung. In: Online Familienhandbuch: www.familienhandbuch.de/cmain/f_Fachbeitrag/a_Kindheitsforschung/s_303.html [1.7.2009].

VerbraucherAnalyse Jugend (2008): Eine Markt-Media-Studie. Herausgegeben von

Axel Springer und der Bauer Verlagsgruppe. Online: www.verbraucheranalyse. de/de/auswertung [18.03.2009].

Wahler, Peter/Tully, Claus J./Preiß, Christine (2008): Jugendliche in neuen Lernwelten. Selbstorganisierte Bildung jenseits institutioneller Qualifizierung, 2. erweiterte Auflage. Wiesbaden.

Weizsäcker, Ernst U. von/Lovins, Amory/Lovins, Hunter (1995): Faktor vier. Doppelter Wohlstand – halbierter Naturverbrauch. München.

Westenhöfer, Joachim/Mattusch, Katrin (1999): Ernährungsverhalten von Schülern. Abschlußbericht eines fächerübergreifenden Projektes an der Fachhochschule Hamburg, Fachbereich Ökotrophologie.

Wippermann, Carsten/Calmbach, Marc/Kleinhückelkotten, Silke (2008): Umweltbewusstsein in Deutschland 2008. Ergebnisse einer repräsentativen Umfrage. Herausgegeben vom Bundesministerium für Umwelt. Berlin.

Wippermann, Carsten/Calmbach, Marc (2007): Wie ticken Jugendliche? Sinus-Milieustudie U27. Herausgegeben vom Bund der Deutschen Katholischen Jugend & Misereor. Düsseldorf.

Zinnecker, Jürgen/Benken, Imbke/Mascke, Sabine/Stecher, Ludwig (2002): null zoff & voll busy. Die erste Jugendgeneration des neuen Jahrhunderts. Opladen.

Zubke, Gundula (2006): Umwelthandeln und jugendtypische Lebensstile. Perspektiven für die schulische Umweltbildung. Kröning.

Abbildungsverzeichnis

Tabellenverzeichnis